La Poesía los poemas los poetas

Colección Poesía y Poética
dirigida por Hugo Gola

La Poesía los poemas los poetas

Emilio Adolfo Westphalen

Colección Poesía y Poética

UNIVERSIDAD IBEROAMERICANA
BIBLIOTECA FRANCISCO XAVIER CLAVIGERO
CENTRO DE INFORMACION ACADEMICA

Westphalen, Emilio Adolfo, 1911-
     La Poesía los poemas los poetas / Emilio Adolfo
Westphalen
               p. ;   cm. - - (Colección Poesía y Poética)

     1. Poesía peruana - Siglo XX - Historia y crítica. I.t. II.
Serie

PQ 8371 / W48 / 1995

1a. Edición, 1995
© Emilio Adolfo Westphalen
© Artes de México
     Plaza Río de Janeiro No. 52
     Col. Roma
     06700 México, D.F.
© Universidad Iberoamericana, A.C.
     Prol. Paseo de la Reforma 880
     Col. Lomas de Santa Fe
     01210 México, D.F.

     ISBN 968-859-206-4

Impreso y hecho en México
Printed and made in Mexico

Emilio Adolfo Westphalen en 1981.
Al fondo, una obra de Fernando de Szyszlo.
Fotografía de Herman Schwarz.

And if other old men must be willing, at the end, to push up off their deathbed and adventure out into the unknown, how much more willing must that man be whose whole life has been just such a daily exercise of adventuring, even in the stillness of his own garden? I mean, the poet.

David Malouf. *An imaginary life.*

[*Paréntesis*

Insertable lo mismo aquí – intermedio o concluyente – donde se pone (a mi parecer) en claro una intervención obligada en los poemas del *otro* – del contagiado de virus (o histeria) poética – una especie de sosía o alter ego – sobre quien descargo la responsabilidad del poema.

Ha sido dicho repetidas veces – se posee el libro mas no el poema – un dueño de cuadros es ciego a la pintura. Habría que insistir igualmente en que los poemas con el tiempo se enferman degeneran mueren se momifican – los cuadros envejecen se descoloran u oscurecen se arrugan y marchitan. Unos y otros pierden con los años vivacidad irradiación hechizo -- se anulan finalmente como obras de arte sin que valgan interpretaciones nuevas ni reparaciones y renovaciones. La música más bien sería hecha de nuevo con mayor o menor fortuna cada vez que es tocada – dicha y oída distinta según los ejecutantes (vivificadores o verdugos).

Hay poemas ocultos o desconocidos poemas doblados en cuatro o con cola prensil desprendible y no renovable. Otras especies al gusto de cada uno.

Poemas descomponibles y expuestos al desgaste por el uso.

Una poesía por rehacer a cada instante.

Hermosas ruinas perecederas desde siempre.]

Las lenguas y la Poesía

Una lengua es un mundo tan complicado diverso dilatado – en movimiento constante y sujeto a renovación y perecimiento – que no es concebible que nadie pretenda haberla captado y reconocido en su totalidad con sus ramificaciones bastardas o legítimas – sus desdoblamientos rupturas y cicatrices – ni haya explorado todas sus eminencias llanuras o abismos. La compararíamos a un animal camaleónico y comestible del cual nos servimos parca o glotonamente con arreglo a necesidades caprichos u obsesiones – pero cuya historia y proveniencia no podremos reconstruir sino fragmentariamente – cuyas posibilidades y carencias más bien se nos escapan – cuyo poder sobre nuestras acciones ideas sentimientos no percibimos y del cual es difícil prescindir salvo en contadas experiencias (el arrobo místico o el fulmíneo reconocimiento amoroso).

Es sabido que las lenguas – según ocurre con todos los seres vivos – mueren a su turno dejando a veces descendencia mostrenca o airosa pero con más frecuencia nada más que restos difícilmente identificables o coherentes. Menos fácil es reconocer las tendencias dominantes en un idioma actualmente – si acaso lleva rumbo a un lejano esplendor de mar en verano o todo se desviará en riachuelos sucios y fangosos hundiéndose en arenales sedientos. Se teme – en cuanto al español – que las jerigonzas que pululan por doquier no sean anuncios de retoños sanos sino síntomas de agostamiento. Aunque tales perspectivas no preocupen al parecer más que a quienes hacen uso ritual de las palabras para elaborar objetos extrañamente armónicos a veces – cuando se acierta el gran premio – pero cacofónicos las más – objetos denominados usualmente poemas.

Habría mucho que ahondar por los vericuetos y escondrijos metafísicos en que aman extraviarse los expertos en usos y abusos de las lenguas o los que especulan sobre sus orígenes divino humano u otros. Mis capacidades no me lo permiten y las perplejidades recién evocadas tendrían sólo el papel decorativo de tela de fondo que dé profundidad real o ficticia a un recuento de experiencias personales.

Me imagino que cada uno de nosotros se ha enfrentado de modo distinto – como es natural – al conocimiento y la práctica del idioma materno y de los que posteriormente hemos ido bien o mal adquiriendo. En general se estima más bien corto el paso del balbuceo infantil hasta el dominio competente de la lengua aunque surjan dudas acerca de los modos de determinar el nivel de competencia alcanzado. Pero nadie guardó en la memoria las etapas del aprendizaje – cómo la lengua nos vinculó al contorno – cómo por ella entramos en contacto con personas y cosas – nos dimos cuenta también de nuestra propia existencia. Deficiencias y equívocos de los comienzos arrastrarán sus secuelas a lo largo de toda la vida.

A mí me tocó criarme en un hogar donde se hablaba predominantemente español. Sin embargo – desde que adquirí conciencia de lo que se decía a mi redor – no pude dejar de notar que seres cariñosos me trasmitían su afecto con los sonidos tiernos y ligeramente afligidos de otro idioma – pues siempre hubo en casa una o dos personas de habla quechua. (Tal vez sea atingente recordar aquí una observación de Eguren – quien escribiendo de un poeta amigo suyo se pregunta – y cito aunque es larga porque también es hermosa – *si en la tristeza permanente de matices prestigiosos; si en esas sombras lunares; si en el cúmulo de acentos siempre dulces, siempre doloridos; ¿no hay una voz de quena, una voz prolongada que en todos los lugares hemos*

14

oído desde la niñez y cuyas vibraciones nos acompañan siempre en los remotos parajes de la tierra? Sólo la sensibilidad sutil del gran poeta podía dar un testimonio tan cierto de una realidad evidente y por ello ofuscante.)

Por otro lado era asidua en casa mi abuela – oriunda de Liguria – quien usaba una pintoresca mezcla de vocablos genoveses italianos y españoles. Ocasionalmente oiría más tarde a mi padre hablar en alemán con algún conocido o cliente. En el Colegio Alemán – al que asistí diez años – estuve sometido a la enseñanza de ese idioma que – como no era compartido en el hogar – nunca llegué a dominar ni a hacer mío. Era el idioma de las matemáticas y de las ciencias y el de las lecturas de los clásicos de las literaturas germánicas. Más adelante recibí en el mismo colegio clases de inglés – los maestros alemanes encargados de ellas me contagiaron un dudoso acento que conservé – al parecer – aun en mis años de residencia en Nueva York. En un principio no llegué a interesarme por la práctica del inglés hasta que descubrí que daba acceso a los mundos fascinantes de Dickens o R. L. Stevenson. Mi afición por los autores franceses que conocía en traducciones – sospecho poco fidedignas – me impulsó a aprender solo su lengua – con el auxilio del diccionario. En tal empeño traduje como ejercicio – en su totalidad – *Les Harmonies viennoises* – novela de Jean Cassou. Ha sido siempre una de mis mayores satisfacciones la lectura de autores de habla francesa e inglesa. En cierta manera podría decir que mi comprobación de las virtudes y deficiencias del español para la trasmisión de unas experiencias especiales que llamaré poéticas – estuvo supeditada al descubrimiento de las posibilidades distintas – acaso a veces adaptables – de riqueza expresiva que poseen esos idiomas.

Se ha mencionado antes la existencia eventual de los objetos ambiguos llamados poemas. No sabría explicar cómo nació mi afición por ellos ni el impulso esporádico que me incita a escuchar las voces que los crean. No sé tampoco cómo me guían a escoger entre tradiciones y usos establecidos o trastocados de nuestro idioma – entre juegos semánticos y lingüísticos – de armonías y disonancias fonéticas – entre ambigüedades y disonancias – el material apropiado para constituir la base material de un poema viable. En todo caso no se ha creído necesario recurrir – salvo en un par de ocasiones – a envoltura inglesa o francesa para subsanar ciertas deficiencias del español que – hay que confesarlo – nunca me turbaron demasiado.

Me sorprenden por ello los casos de poetas que utilizan más de un idioma y no esporádicamente sino con constancia. Dentro del ámbito nuestro son notables los ejemplos de Arguedas y de Moro. Arguedas no sólo poseía un conocimiento extraordinario de los recursos expresivos del idioma español sino que supo inventar un lenguaje que mediante discordancias gramaticales – equívocos fonéticos – defectos regulares y otros artificios daba la impresión que quien así hablaba lo hacía en "quechua" y no en un español perturbado pero reconocible. Vertió también al español canciones y poemas quechuas que en su nueva vestidura parecían haber brotado espontáneamente y serles connatural. Arguedas – sin embargo – nunca aceptó que sus versiones dieran la equivalencia de lo que él sentía en el original – al cual atribuía otra dimensión – otra hondura afectiva – otra resonancia estética.

Había según él una magia – un misterio de las palabras quechuas perdidos en el traslado. Una vez afirmó que los que hablan ese idioma saben *que el keshua supera al castellano en la expresión de algunos sentimientos, los más característicos del corazón indígena: la ternura, el cariño, el amor a la naturaleza.* Esa convicción le llevó en las postrimerías de su vida a escribir poemas originales en quechua. En las notas a su recolección *Katatay* – insistió en *el ineludible que le obligó a escribirlos* – en su reconocimiento del quechua como un idioma *más poderoso que el castellano para la expresión de muchos trances del espíritu y, sobre todo, del ánimo* – sostenía – *que las palabras del quechua contienen con una densidad y vida incomparables la materia del hombre y de la naturaleza y el vínculo intenso que por fortuna aún existe entre lo uno y los otros.*

Esta relación mágica mítica entre hombre y naturaleza que declara Arguedas como sustrato y fundamento de sus poemas – es imposible de verificar a quien ignora la lengua. Siempre lamentaré que en la escuela y la universidad en lugar de inglés no me enseñaran quechua – lo cual no sé si hubiera contribuido a esa ambigua "integración nacional" que tanto se predica pero entendiéndola más bien como una sumisión y desaparición consecuente de los remanentes de las tradiciones indígenas – al menos hubiera permitido quizás un conocimiento mayor de los factores culturales mutuos y – desde luego – la apreciación de las cualidades poéticas y otras que Arguedas reivindicaba. El vigor y la riqueza lírica de la prosa de Arguedas – que hacen de su prosa una de las fundamentales y mayores de nuestro acervo cultural – me hacen extrañar aún más el verme perdido de la posibilidad de disfrutar en el original sus poemas quechuas.

Estoy en la edad en que más bien se olvidan los idiomas aprendidos – no me atrevería así a arriesgarme a un aprendizaje que no me llevaría seguramente muy lejos en cuanto a conocimientos y práctica de una lengua tan disímil a las que trabajosamente me enseñaron.

El bilingüismo de Arguedas adquirió aspectos trágicos cuando un arraigado complejo de culpa por ser un "misti" que presumía ser fiel intérprete no sólo de las circunstancias sociales y culturales de los indígenas sino de sus estados de ánimo e idiosincrasia artística – le llevó a desvirtuar y rebajar su indudable dominio y maestría del idioma español – por él aprovechado como pocos narradores peruanos.

De muy diversa índole es el carácter y posición del bilingüismo en César Moro. Es siempre aventurado hacer conjeturas sobre motivaciones ajenas cuando no las ha revelado la misma persona – podría sin embargo ser útil un análisis de las modalidades lingüísticas predilectas de Moro para su escritura poética. La mayor parte de los poemas publicados e inéditos de Moro fueron escritos en francés – pero la serie de *La tortuga ecuestre* lo fue en español y por los mismos años en que escribía *Lettre d'amour*. Esta soltura y libertad de expresión en dos idiomas me colma de admiración y me hace pensar en un antecedente remoto – la facilidad con que en el Siglo de Oro de la poesía española – poetas gallegos o lusitanos empleaban indiferentemente el español o sus lenguas maternas.

Así como Arguedas tradujo al español canciones leyendas y poemas quechuas – Moro se complació en trasladar a nuestro idioma ejemplos escogidos de poesía francesa – principalmente de sus amigos surrealistas – una vez hasta emprendió la versión de un extenso tratado del Marqués de Sade – que quedó trunca. Curiosamente ni el uno ni el otro intentaron nunca trasladar al quechua o francés poemas escritos en español. Moro empezó su colaboración con el grupo surrealista vertiendo – o corrigiendo versiones ya hechas – de los primeros textos de Salvador Dalí que aparecieron en *Le Surréalisme au service de la Révolution* – mas no creo que pensara nunca en divulgar en Francia la poesía – por ejemplo – de su admirado Eguren.

Estas divagaciones sobre bilingüismo poético me llevan a tratar la cuestión de cuán factible o disculpable sea la tarea de traducir poesía. Hace poco George Steiner recordaba que es premisa falsa sostener la posibilidad de extraer y trasplantar *algo que se denomina contenido* apartándolo de la fonética – el léxico – la gramática y el contexto de la forma originaria. La imbricación de lo dicho con la manera de decirlo es tan estrecha e indesligable que todo intento de trasvasar el poema exigiría en el mejor de los casos la invención de un objeto nuevo cuya semejanza con el original sería siempre dudosa. ¿Por qué entonces el tesón con que muchos poetas – entre ellos algunos de los más grandes – han ensayado lo inalcanzable por definición?

¿Es realmente imposible la traducción de poesía? Mi experiencia fue por lo general más bien decepcionante. En mi juventud la aspiración no fue tanto la búsqueda de equivalencias cuanto la de aquellos factores actuantes que por extraña contraposición o simbiosis convertían algunas palabras – mañosa o torpemente escogidas – en piezas deslumbrantes – espejismos insólitos de armonía recóndita y nunca vista. El propósito sería cotejable – desde cierto ángulo – al del niño que desmonta y destruye un juguete para dar con el mecanismo secreto que permite el movimiento (en el poema – el embrujo o la encantación) – por curiosidad el niño desbarata la simple o complicada combinación que le irrita pues está cercana y es inasible e irrepetible. Traté así de adentrarme en la oficina donde un alquimista llamado Valéry o Rilke o Emily Dickinson habían transformado materia vulgar en joya espléndida – esfuerzo vano pues nunca di con la fórmula válida.

Más tarde no me preocupé más de equivalencias – me bastaba con repetir lejanamente en mi idioma el diapasón y ciertas modalidades que caracterizaban el poema en otra lengua por el que estaba intrigado. No me avergüenzo de esas tentativas – tan frustrantes como el empeño de algunos críticos de poner en prosa el poema ajeno (o el propio según hicieron San Juan de la Cruz o Fray Luis de León – sin añadir con ello gran cosa al placer estético del poema y sin revelar los misterios afectivos y los secretos subyacentes). Se juzgará siempre que el esforzarse en verter poesía es una manera de engañarse a sí mismo – y a los demás si acaso se publica la felonía. Con constancia habrá los que a pesar de todo lo intentarán una y otra vez – a pesar de los fracasos – como perder a la lotería no exime al esperanzado o ingenuo de adquirir otros números.

Me aventuraría a suponer que la traducción – acto de *re-creación* – seguirá igual suerte que la que arriesga todo autor de poesía – los logros no están nunca asegurados ni para el creador del poema ni para su recreador en la transcripción. Se reconoce así unánimemente que el mejor poema de Quevedo (yo opinaría casi el único digno de nombre) es una paráfrasis del soneto sobre las ruinas de Roma de Joaquim du Bellay. Traducciones varias de Blake publicadas alguna vez por Juan

Ramón Jiménez me sonaron como poesía auténtica... en español – que es de lo que se trata.

A pesar de mis renuencias – hace algún tiempo me vi de nuevo tentado por la décima musa – la hermanastra fea y traidora – a pesar suyo – de la Poesía. Al leer unos poemas del griego Yannis Ritzos en versión francesa – no sé qué rasgos presentidos me hicieron barruntar que había allí materia – aun en ausencia de las resonancias fonéticas y otras del original – para levantar unas imágenes que semejaran algo más que un mal remedo o una falsa glosa. Quizás las características (tan saltantes) de serie de imágenes visuales nítidas y contrastadas como en una secuencia cinematográfica me incitaron a caer en la trampa.

Me disculpo ofreciendo la traslación como homenaje equívoco a un gran poeta que al evocar el misterio de la Poesía insinúa que ésta no estaría solamente en las palabras inspiradas sino de vez en cuando – quizás al doblar una esquina – en revelación súbita del trasfondo tenebroso o lumíneo que puede acompañar la experiencia cotidiana más humilde.

UN POEMA DE YANNIS RITZOS

Vaivén inmóvil[1]

Al levantarse de prisa para abrir la puerta
Dejó caer la cesta de los hilos –

Los carretes se esparcieron bajo la mesa y las sillas
Por los rincones más inverosímiles – un hilo rojo casi naranja
Sobre el vidrio de la lámpara – otro violeta
Al fondo del espejo – pero ese hilo dorado
Nunca había tenido un hilo dorado – ¿de dónde salía?
Se arrodilló para tratar de recogerlos uno por uno –
De poner un poco de orden antes de abrir.
No hubo tiempo. Tocaban de nuevo.
Se quedó quieta – impotente – con los brazos caídos.
Cuando acertó a abrir la puerta... no había nadie.

¿Es eso entonces la Poesía? ¿Es precisamente así la Poesía?

[1] Del libro *Gestes* – Paris 1974. Traducción francesa de Chrysa Prokopaki y Antoine Vitez – versión española de E. A. W.

Pecios de una actividad incruenta

Me siento bastante desconcertado por tener que hablar ante una asamblea tan distinguida que me admite como su colega. Entiendo que cada uno de nosotros – como los personajes de un conocido poema de Baudelaire – llevamos a cuestas una quimera a la que estamos sometidos y que nos domina y conduce a su capricho. No creo por tanto que resulte mucho de provecho de estas especies de diálogos de sordos a que hemos aceptado sujetarnos – salvo la ocurrencia de lo imprevisible e inesperado. Sin embargo – como es normal que haya que considerar siempre esa eventualidad – me resigno a presentar – con referencia al tema de la creación literaria propuesto para este encuentro – o mejor dicho – en el caso concreto mío – al tema de la creación poética – algunas inferencias de una experiencia personal que aún ahora – a la distancia de muchos años de haber sucedido – me extraña un poco me fuera concedida.

Aunque mirándolo bien el que cualquiera en algún momento se sienta propenso a la creación poética o – en general – artística no es algo fuera de lo ordinario. Me inclinaría más bien a admitir la intuición de William Blake – quien estimaba que la sensibilidad poética o artística y la capacidad para la creación son – en mayor o menor grado – patrimonio común de la humanidad. El que se escoja determinado medio de expresión y el hecho mismo que algunos no se limiten a satisfacerse con las obras que hallen a su disposición – sino que traten de descubrir ellos mismos alguna veta todavía por explorar – dependerá de las circunstancias – de las influencias decisivas que le ofrezca el medio ambiente – de su evolución singular y de las corrientes tradicionales varias a las que se vea expuesto.

No hubo desde luego en mí ninguna vocación precoz consciente. Muchos escritores confiesan haber tenido desde temprana edad el anhelo de emular a los autores de su admiración. Algunos inclusive proyectaron sus vidas trazándose como mira exclusiva el ver llenarse – con el tiempo y las aguas – un anaquel amplio en las bibliotecas con las obras completas de – digamos – un señor.

No es fácil el análisis de los orígenes – de la manera como se forma el embrión y de los rasgos heredados o mutados que lenta o súbitamente va adquiriendo. No percibo así bien por qué de pronto fue urgente en mí – de modo impreciso pero imperativo – la necesidad de unir unas palabras para combinar con ellas uno de esos objetos muy especiales que denominamos poemas y que – al parecer – no tendrían otra función que provocar en quienes los construyen o en quienes los oyen ciertas sensaciones variables que pueden ir desde la curiosidad el asombro o la indiferencia – desde una atracción y una repulsión igualmente incontrolables – hasta un contento o un goce diversamente graduados – inclusive – en ocasiones escasas – hasta un deslumbramiento o una revelación difícilmente soportables.

Se habrá visto que he considerado imprescindible – primeramente – un terreno idóneo – o sea – un ambiente cultural propicio y tanto más favorable cuanto más diversificado y contradictorio. Luego – la aparición de un incidente singular en la experiencia cotidiana – algo que actúe emotivamente como detonante y que podría ser el reconocimiento – casi nunca consciente – de una carencia – de un vacío por llenar con la obra en gestación. Añadiré – en tercer lugar – que sería recomendable – ya en pleno proceso de creación – que el presunto autor se pusiera en perfecto estado de disponibilidad – se abriera a las más profundas sugerencias interiores y lograra situarse – sin casi darse cuenta – en esa encrucijada anímica en que convergen la mayor cantidad posible de evocaciones comprobaciones presentimientos y fulguraciones y en donde – entre lo aprendido y lo inventado – se puede recurrir a todas las capas o estratos de conciencia e inconciencia. Y habrá de acertar también con el ritmo adecuado para seguir las corrientes o alejarse de ellas cuando se presienta peligro de estrellarse contra escollos visibles ocultos o imaginarios.

Todo ello es más fácil de lo que algunos temen o imaginan porque la voluntad no tiene mucha parte en el asunto ya que escribir un poema es casi como tener un sueño – igualmente imprevisible e incontrolable. ¿Cuántos de nosotros podríamos pretender que intuimos en qué noche vamos a tener el goce o el espanto de determinado sueño? Tampoco conoceremos por anticipado si después de la fatiga y el esfuerzo veremos a Venus surgir de la onda o nada más que los pecios de un naufragio incruento. Lo más probable será esto último – sin duda.

Quisiera anotar que en lo esencial juzgo la actividad poética y – en general – la actividad artística como una labor de intermediario. Más le es dado y más recibe el autor de lo que él pone. Es el que trasmite y a ratos consigue sin quererlo la metamorfosis feliz. Me agrada compartir esta convicción con un artista de mis predilectos y – seguramente – de muchos de ustedes – con Paul Klee. En la célebre disertación que pronunciara en Jena en 1925 sostuvo – basándose en la parábola o símil del árbol – una tesis semejante sobre el papel del autor en la creación de la obra de arte.

Dijo entonces que el lugar que le ha sido asignado *es el de recoger lo que sube de las profundidades y transportarlo más allá. Así no es ni servidor sumiso ni amo absoluto sino simple intermediario. El artista ocupa un lugar muy modesto. No reivindica la belleza del ramaje, la cual belleza no ha hecho sino pasar a través suyo.*

Y como un símil trae otro símil se me ha venido a la memoria otro hermosísimo y que es – nada menos – una de las definiciones más aproximadas de lo que es un poema – esa entelequia huidiza pero – al menos para nuestro consuelo – con alguna frecuencia recreable. El texto de Pierre Reverdy a que aludo es muy breve pero suficiente.

> La Poesía – escribió – es a la vida como el fuego a la madera. Emana de ella y la transforma. Durante un momento, un breve momento, engalana la vida con toda la magia de las combustiones y las incandescencias. La Poesía es la forma más ardiente y más imprecisa de la vida. Después, ceniza.

Antes de terminar quizás no sea ocioso recordar que el periodo de disponibilidad completa para la Poesía – al que se hizo antes atingencia – fue para mí relativamente corto – duró *grosso modo* sólo de 1929 a 1934. En este último año me vi obligado a ejercer un empleo de tiempo completo. Concluyó entonces para mí el ejercicio continuo de la Poesía – la que sólo ocasionalmente me ha recobrado. No puedo empero quejarme de mi suerte. Varios amigos me aseguran que los poemas que escribí en esos años aún suscitan cierta resonancia. Yo por mi parte no estoy tan convencido – pero en fin no tengo mucha vela que llevar en el entierro – no me correspondió más que el papel de intermediario.

Debo finalmente agradecer al amigo Arturo Azuela – que ha tenido la gentileza de invitarme a comparecer ante ustedes. Desde luego – como lejanísimo o – más bien – putativo pariente del célebre reo de Kafka – me declaro culpable de haberles ayudado a perder el tiempo – ese tiempo que nos queda corto o ancho – incómodo o placentero – según las circunstancias – pero que a veces algunos poemas – en su confección o en su lectura – nos hacen olvidar por entero. Por ellos queda suspendido el tiempo o tenemos la sensación de que ha quedado suspendido. Esta cualidad que de cuando en cuando tiene el poema podría señalarse como su mejor y mayor cualidad – si no como la exclusiva.

Eguren y Vallejo – dos casos ejemplares

He escogido – para hablar de la poesía que se ha hecho en el Perú en este siglo – a dos poetas que cuando publicaron sus primeras obras tuvieron que hacer frente no ya a la indiferencia sino a la hostilidad de su medio ambiente. *¡Oh, cuánto hay que luchar, cuánto se me ha combatido!* – refería una vez José M. Eguren. *Al iniciarme, amigos de alguna autoridad en estas cosas, me desalentaron siempre. Y yo (...) al fin empezaba a creer que me estaba equivocando.* Por su parte César Vallejo escribió a un amigo – a raíz de la publicación de *Trilce* (juzgada por muchos su obra principal): *El libro ha nacido en el mayor vacío.*

Muertos Eguren y Vallejo – en el Perú se dan sus nombres a las escuelas públicas – en una plaza de Lima hay un monumento a Vallejo – en ferias internacionales del Libro alguna fotografía suya figura entre los representantes más conspicuos de la literatura latinoamericana. Pero no será – desde luego – el reconocimiento oficial tardío lo que confiera vigencia a la obra de esos poetas – más sintomático de su vitalidad será el que aún sean materia de discrepancia y polémica – las primitivas resistencias se habrían camuflado pero no han cedido por entero – las consagraciones oficiales póstumas tendrían más bien los visos de un subterfugio ladino – una manera de querer enterrar definitivamente a los incómodos perturbadores de conformismos estéticos y sociales.

*

No será ocioso recordar – como premisa – que las poesías de Eguren y de Vallejo no son exotismos absolutos. Ambas se inscriben – con las peculiaridades debidas al ámbito y al momento en que surgieron y al temperamento personal de cada uno de ellos – dentro de las tradiciones que arrastran – desde hace siglos – las literaturas de Occidente. Vallejo y Eguren – aunque nacidos en el territorio donde floreció la milenaria cultura andina – no hablaron quechua. Escribieron en español y enriquecieron poéticamente esta lengua valiéndose tanto de términos y giros arcaicos – conservados unos por su utilización más prolongada en regiones apartadas o aisladas o recuperados otros por la frecuentación asidua de los clásicos castellanos – cuanto de quechuismos y peruanismos. Los dos poetas – además – fueron amantes de neologismos y extranjerismos. Se ha observado la inclinación de Eguren a engarzar de italianismos sus poemas – acoplados con tal maestría al conjunto que no desentonan sino más bien acentúan la musicalidad. Más curiosa parecerá la comprobación hecha por Paoli de que Eguren se servía de falsos italianismos – palabras nuevas creadas por él con arreglo a las pautas morfológicas correspondientes.

Esta preocupación lingüística no es de juzgarse forzada o artificiosa. Más bien sería un índice del rigor con que se ha perseguido la expresión más idónea a la vivencia poética. Es natural por ello que en sus reflexiones sobre los afanes de la creación – Vallejo y Eguren se refieran al valor de las palabras. No es lugar para un examen de esas opiniones – pero unas breves citas servirán no sólo para mostrar cuán fundamental consideraron el tema – sino quizás – también – para hacer ver posibles afinidades u oposiciones de actitud.

En uno de *Los motivos* – el que lleva por título "Eufonía y canción" – Eguren diserta sobre *la música de la palabra* como *complemento del canto*. Anota además que la música de la palabra *marca un colorido visible y atesora inflexiones para los seres y las cosas, para los matices del sentimiento y la forma. (...) Hay palabras definitivas en su sonido expresivo, como amor, alegría, ternura, mañana, tarde, noche y tantos otros vocablos eufónicos, de significativa justeza. Hay palabras que pronunciadas al acaso despiertan simpatía, hay otras que por su acento y significación producen estremecimiento estético.*

Estas frases habría que confrontarlas con las declaraciones que por la misma época (1931) hiciera a un periodista sobre el argumento más general de las palabras pero en las que termina igualmente con la incidencia musical: *Una palabra que llega justa es como una confidencia milenaria, como un secreto trasmitido de generación en generación. Somos como la clavija que vibra con la cuerda sin saber qué manos la rasgan ni dónde está el otro extremo...*

Es reveladora la conjunción por Eguren de "música" y "palabra" y su esfuerzo por establecer los nexos más recónditos que las unen. Subrayemos esa atribución a la música de la palabra de un *colorido visible* y la capacidad de atesorar *inflexiones para los seres y las cosas, para los matices del sentimiento y la forma.* Con dichas expresiones y aquella otra de la palabra como *confidencia milenaria* se podría improvisar una definición bastante aproximada de la poesía del mismo Eguren.

*

De Vallejo traeré a colación unos fragmentos de sus notas en *El arte y la revolución.* Conciernen a lo intraducible de la Poesía – tema caro a César Vallejo – e introducen también una noción muy peculiar de las palabras como elemento de la "construcción del poema". Vallejo concebiría así el poema con símiles arquitectónicos.

> Todos sabemos – dice Vallejo – que la Poesía es intraducible. La Poesía es tono, oración verbal de la vida. Es una obra construida de palabras. Traducida a otras palabras, sinónimas pero nunca

idénticas, ya no es la misma. Una traducción es un nuevo poema que apenas se parece al original. Se pueden traducir solamente los versos hechos de ideas, en vez de trabajar con palabras, y que ponen en un poema la letra o texto de la vida, en vez de buscar el tono o ritmo cardiaco de la vida. Gris me decía que en este error están también muchos pintores modernos, que trabajan con objetos, en lugar de trabajar con colores. Se olvidan de que la fuerza de un poema o una tela, arranca de la manera como en ella se disponen y organizan artísticamente los materiales más simples y elementales de la obra. Y el material más simple y elemental del poema es, en último examen, la palabra, como lo es el color en la pintura. El poema debe, pues, ser concebido y trabajado con simples palabras sueltas, allegadas y ordenadas artísticamente, según los movimientos emotivos del poeta.

Se deduce de tales textos que Vallejo identifica la Poesía con el "tono de la vida" – lo cual parecería acercarnos a la idea de lo musical como elemento determinante de lo poético – aunque no se sabe si Vallejo amplía o diluye el concepto al unirlo con los de *oración verbal de la vida* y *ritmo cardiaco de la vida*. La consideración de la palabra como *el material más simple y elemental del poema* y su comparación subsiguiente con "la piedra, acero, madera, etcétera" con que se construye un edificio es una tesis discutible. (La palabra – por lo pronto – no es "simple" – está llena de ambigüedades – cambia de significado con la compañía – viene cargada de historia y se transforma con ella – sus resonancias son modificadas anuladas y desgastadas por el uso o el abuso.) La teoría – no obstante – es instructiva pues ofrecería el trasfondo teórico de algunos procedimientos poéticos de Vallejo. Conformaría la impresión que a veces se tiene de que Vallejo pone deliberadamente unas palabras en el verso guiándose por "cómo suenan" – por "su tono" – y no por el significado generalmente admitido. Una manera de demostrar por el absurdo la preeminencia de la "música de las palabras".

*

Las divagaciones sobre el personaje "Eguren" en la vida real no tienen quizás incumbencia con su poesía. Se sabe que el "yo" del poema es – en muchos poetas – un personaje inventado para la ocasión – para cada poema – para cada colección de poemas. En Eguren – en cambio – el "yo" aparece muy de vez en cuando – casi nunca en circunstancias dramáticas o patéticas. El poeta se contenta con mirar añorar recordar soñar. Con frecuencia el cuadro es presentado sin que se haga mención alguna del maestro del retablo. Eguren cuida mucho de no hacerse presente – de mover escondido los hilos de sus títeres – de cambiar las tramoyas sin descubrirse. Sobre la escena salen entonces sombras fantasmas aparecidos – para una pantomima de la gracia y la elegancia – para un combate fiero hasta la exterminación mutua – para una comedia de lo grotesco y lo arabesco – o para una danza macabra en que se arremolinan principios y postrimerías.

Lo anterior como imagen de la poesía de Eguren no podría ser más incompleto y parcial. Habría que recordar también las referencias de la campiña idílica – de los seres grandes y pequeños que pueblan montes y espesuras – las aves heráldicas o domésticas o las aves viajeras – las elegías del mar – la de la *nave enferma* – los reiterados nocturnos – *los enigmas de la noche, la de la muerte y del engaño.* Hay en especial que admirar esa *barca luminosa* con su *inefable espanto de amor dulce inaudito* – y esa *muerta de marfil* – escalofriante de horror cuando se adivina que la evocación de la *bella de otras edades* proviene tal vez de la contemplación de una de esas osamentas de momia que algún huaquero ha removido en las dunas de la costa peruana.

En todo caso – la deuda principal que tenemos con Eguren es que nos hizo patente la fragilidad y el poder – a la vez – de la expresión poética – más poderosa cuanto más frágil. No hay rastros – en la mejor poesía de Eguren – de los timbales de la retórica modernista – nada tampoco de la demagogia de los grandes temas. Pero el dolor y el misterio del destino humano se revelan más que implícitos en su poesía – en apariencia so-

31

bre muertos y aparecidos – en realidad sobre lo incierto de la condición humana – titubeante entre imaginaciones símbolos y mitos – dividida entre angustias y goces igualmente perecederos o inexistentes.

*

Con la poesía de Vallejo entramos en una atmósfera muy distinta. El ocultamiento del "yo" en el poema de Eguren es reemplazado por la destacación deliberada y violenta del "yo" en la poesía de Vallejo. Es éste un punto para una introducción a su poética y – como Vallejo ha proclamado con insistencia que nadie está más capacitado para explicar lo expresado en un poema – para elucidar mejor las intenciones de un verso – que el propio autor – dejaré que sea él mismo el que – en cuanto posible – lo presente con palabras suyas.

Hay un texto al final de *Contra el secreto profesional* que pone en relieve dos facetas de su concepción de la Poesía: la intervención por una parte del azar – por la otra de la voluntad consciente:

> Pienso en mi gato que sentado en la mesa, intervino en un poema que yo escribía, deteniendo con su pata mi pluma según el curso de mi escritura. Fue este gato quien escribió el poema.
> Pienso luego en Verlaine y su poema a su "Yo".
> –¿Es mejor decir "yo"? O mejor decir "El hombre" como sujeto de la emoción –lírica y épica–. Desde luego, más profundo y poético es decir "yo" –tomado naturalmente como símbolo de "todos".

Es tan claro el texto que podría pasarse de ulteriores comentarios. Sólo quisiera añadir que en su preferencia por decir "yo" – Vallejo recarga la mano y la voz – pues no solamente dice "yo" – equivalente – al parecer – mal balanceado – de "todos" – sino que da a ese yo el nombre específico de César Vallejo. (*¡César Vallejo, te odio con ternura!* – termina un célebre poema.

32

Mayor congoja y dramaticidad en los versos siguientes – de "piedra blanca sobre piedra negra": *César Vallejo ha muerto, le pegaban / todos sin que él les haga nada; / le daban duro con un palo y duro / también con una soga; ...*) ¿Habrá que identificar a César Vallejo asimismo con ese "todos" multitudinario que él pretendía representar?

*

No sé si será éste el lugar para observar la predilección muy unamuniana de Vallejo por la paradoja – lo que él considera una actitud dialéctica que resuelve en la equiparidad de los contrarios. No sé si se trata en verdad de una equiparidad de los contrarios o más bien de la cancelación de dos inexactitudes. Esta tendencia de Vallejo es muy antigua. En *Escalas* – libro en prosa de 1923 – ya escribía: *Nadie es delincuente nunca. O todos somos delincuentes siempre.* Con el transcurrir del tiempo – como ha señalado Roberto Paoli – al hablar de la "poética clásico-barroca" de los *Poemas humanos* – se acentúa el expresionismo lingüístico. *Un trenzado de oposiciones semánticas y de asociaciones acústicas – escribe Paoli – es con frecuencia la red que contiene y organiza la imaginación analógica. Y, más en general, puede afirmarse que es constante en Vallejo la centralidad de la conciencia: voluntarismo de fondo que hace difícil ese tipo de abandono a la "vida inmediata", caro a los surrealistas.*

Lo arbitrario no es por tanto en Vallejo consecuencia de un afloramiento de lo inconsciente sino el ensayo de un dinamitero que deliberadamente cambia los términos de la ecuación para ver qué sucede – una especie de demostración magistral de terrorismo estético.

El proceso de elaboración consciente del poema puede seguirse comparando el poema "Masa" – de *España, aparta de mí este cáliz* – con su antecedente en una breve nota del carnet de 1929 inserto en *Contra el secreto profesional*. La apoteosis de la solidaridad de "todos los hombres de la tierra" – que hace retornar a la vida al cadáver "triste" – es la solución poética ideal de ese apunte. No son sino dos frases – pero ya está allí el núcleo del poema. Las galas de la poética o retórica harán el resto.

> La piedad y la misericordia de los hombres por los hombres. Si a la hora de la muerte de un hombre se reuniese la piedad de todos los hombres para no dejarle morir, ese hombre no moriría.

Me rectifico: en la nota del carnet está la idea del poema (Vallejo en su poesía recurre más a las "ideas" que a las "imágenes") – pero no está el poema. El poema no fue hasta que no se encarnó en el cuerpo incorruptible de las palabras y sus ritmos – en la "música de las palabras".

La obra poética de Vallejo es muy amplia y muy compleja para señalar en estas glosas otra cosa que unos cuantos de sus rasgos. Sus hermetismos – por otra parte – son más indescifrables cuanto más deliberadamente fueron construidos. Por ello – junto al sentimiento del dolor humano que comunica Vallejo – quizás la otra sensación más frecuente en su poesía sea la del vértigo por sus abisales inmersiones en la infinitud de la maldad y la bondad humanas. Vallejo nos exhorta a cada rato a perdernos inexorablemente e irremediablemente.

Para el ocultamiento de la Poesía

Debo agradecer a los organizadores de esta reunión – destinada a tratar de las maneras como se difunde y se hace conocer en Europa la literatura latinoamericana – el que se haya dado a algunos escritores de la región la oportunidad de exponer su punto de vista sobre el tema.

La abundancia y variedad de las opiniones que se han planteado y discutido aquí ha sido la que – más o menos – podía preverse teniendo en cuenta – por una parte – la vastedad de las literaturas y las realidades latinoamericanas (subrayo que este plural es deliberado – no es cuestión de *una* literatura latinoamericana sino de *varias* – con evoluciones y características propias) y considerando – por otra parte – la versación y conocimientos de muchos de los especialistas asistentes e – igualmente – la improvisación y autosuficiencia de algunos pocos que – a base de limitadas lecturas y arraigados prejuicios – no dudaron sin embargo en hacer audaces y arbitrarias generalizaciones.

El gran número de intervenciones y la – un tanto – desordenada sucesión de ideas claras y fundamentales y de lucubraciones caprichosas o fortuitas no permiten – desde luego – no ya un resumen o un balance aproximativo – ni siquiera una referencia a los aspectos más originales más dudosos o más aberrantes. Me limitaré por ello a un punto sobre el cual tal vez – a mi parecer – no se ha insistido como su importancia exigía.

Entiendo que el primer paso para el conocimiento de una literatura extranjera es el que da quien ha descubierto en ella ciertos méritos – estos no se refieren – precisamente – a una visión pintoresca de sucesos supuestamente exóticos sino – en cambio – a la expresión – en términos literarios o poéticos válidos – de una experiencia peculiar de la vida. La sorpresa y goce de ese descubrimiento llevan – por un lado – al deseo de conocer las circunstancias – el contexto en que esa obra o esas obras han surgido y – por otro – al empeño de compartir con otros tal apreciación y contagiarlos del entusiasmo propio.

Esa tarea – al menos por lo que se refiere a la Poesía – terreno que me es más familiar – la han asumido siempre unos cuantos individuos mediante una trasmisión casi de boca en oído que a veces hasta puede prescindir – en buena medida – de los medios de comunicación de masa. Un ejemplo preciso de ese modo de propagación lo ha referido aquí mismo Francesco Tentori cuando recordó la circulación en los años 40 – en España – de copias mecanografiadas de poemas de Vallejo y Neruda.

A pesar de la incredulidad de algunos – o de muchos – creo que no será paradójico sostener que la difusión de la Poesía escoge de preferencia esas vías soterradas – que cuanto más encubierta y clandestina sea la trasmisión más probabilidades hay que sea eficaz y duradera. Si no me equivoco ya hubo alguien – hace algún tiempo – que propuso el ocultamiento deliberado de la Poesía. Sería interesante intentar la aplicación de semejante proyecto.

Desde luego – no se sabe bien por cuáles sendas secretas los iniciados – es decir – los creadores y los lectores o recreadores de poesía – entran en relación entre sí y se reconocen a pesar de la escasez o ausencia de las ediciones y por encima de los obstáculos que son los idiomas y las culturas y – añadiría – también las épocas históricas. Me ha conmovido por ello oír en este lugar la referencia hecha por Franceso Tentori a un poeta peruano muerto hace más de veinte años y que en mi país está casi olvidado – Luis Valle Goicochea – compañero mío de mis primeras intrusiones en el dominio de la Poesía.

Esta actitud ante la difusión de la Poesía – ante la manera como nace el prestigio de una poesía – no considero que sea una extravagancia mía. Recuérdese que cuando Garcilaso murió no se había publicado un solo poema suyo – pero ya reconocían su eminencia los pocos que los habían leído. De la obra del Conde de Lautréamont no parece que circularon muchos ejemplares mientras vivió – las afinidades electivas de los surrealistas – empero – le dieron actualidad inesperada casi medio siglo después de su muerte. En mi país – Eguren y Vallejo gozaron en vida del prestigio no más de una pequeña minoría. La edición de sus primeros libros de poemas había sido – desde luego – costeada por ellos mismos – como también lo había sido la del poeta uruguayo antes citado.

Se comprenderá – por tanto – que el barullo alrededor de los grandes tirajes de algunos novelistas latinoamericanos no me impresiona demasiado: si tengo admiración por algunos de ellos no es porque han ganado el premio de la lotería editorial. Lo extraño es que una novela excelente – por ejemplo *Cien años de soledad* – se haya convertido en best-seller en diversos países de América y Europa.

El fenómeno de la popularidad de determinados autores habría que estudiarlo – sin embargo – con criterios sociológicos pues probablemente no tenga gran cosa que hacer con lo que se admite generalmente como literatura. De acuerdo al menos a las estadísticas – las ediciones de las novelas de Delly alcanzan en Francia – y en muchos otros países – tirajes que deben envidiar todos los exponentes del *Nouveau Roman*. En cuestión de ventas de novelas en América Latina – es curioso que pocos recuerden los antecedentes que al respecto ha tenido la novela de García Márquez. En los años de mi niñez y aun de mi juventud – el gran suceso editorial en las Américas de habla española era Vargas Vila – escritor colombiano considerado todavía por el *Pequeño Larousse* – en su edición española de 1964 – como "autor de novelas de vigorosa inspiración revolucionaria". Habría que buscar y comparar cifras – en sus valores relativos – desde luego – por modificaciones de los índices de población y de alfabetismo.

Al terminar reiterando mi agradecimiento – quiero agregar mi complacencia por haber tenido la ocasión de ver aquí reunidas y de escuchar a varias de las personas que más han contribuido a la apreciación y a la difusión en Italia de la poesía y la literatura peruanas – me refiero a Antonio Melis Roberto Paoli Franceso Tentori Montalto Dario Puccini Ignazio Delogu.

1976

Sobre César Moro

Debo disculparme ante todo de no poder ofrecerles una semblanza más o menos amplia de la obra pictórica de César Moro – conforme a mi deseo. Ocurre que no he logrado ponerme en trance de escritura. Es un inconveniente que no es exclusivo mío – si me atengo a lo expresado una vez muy gráficamente por Brancusi – uno de los más extraordinarios escultores de este siglo. Para él *lo difícil no es hacer cosas sino más bien ponerse en situación de hacerlas.* Desde hace un tiempo no he escrito nada si no alcanzaba esa disposición – que no me atrevo a comparar a un estado de gracia pero sí a un *sine qua non* indispensable. Se trata de una sumisión a las exigencias perentorias y misteriosas del impulso creador en uno e igualmente (en el caso de escritos no poéticos) a un rigor puntilloso del espíritu crítico de uno.

En los últimos tiempos tal estado me es cada vez menos accesible – se ha vuelto huraño y huidizo en exceso. Tal vez sea consecuencia de los ambientes hostiles que he estado viviendo – más probablemente a las deficiencias derivadas de una salud claudicante.

Mas si me es vedada la semblanza – tengo de todas maneras la obligación de manifestar mi complacencia y alborozo por la organización de este homenaje que incluye por primera vez la presentación de especímenes de pinturas dibujos y collages correspondientes a los diversos periodos de la actividad artística de Moro – aun del correspondiente al de la precoz iniciación en Lima y en el cual ya se notan sus dotes y su originalidad en el ejercicio de las artes visuales. No ha habido antes una exhibición como ésta – que permite seguir – casi paso a paso – el desarrollo de una personalidad incomparable – siempre al acecho de invenciones imprevisibles y a la renovación constante del acervo de su fantasía. Se ha juzgado además – con mucho tino – en la conveniencia de dar importancia especial al catálogo de la exposición – el cual reúne diversos textos – que presentan sitúan desde ángulos distintos la vida y la obra de Moro – y de ofrecer abundante material gráfico excelentemente reproducido. Por otra parte – los nombres de los destacados escritores y críticos de arte (de diversas nacionalidades generaciones y tendencias) que aceptaron participar en la serie de mesas redondas prevista – testimonian del interés – en ciertos casos – del entusiasmo con que el proyecto fue acogido.

Como he estado en contacto casi constante con las personas que se han hecho cargo de la exposición y he sido yo el que ha proporcionado los cuadros que se exponen – estimo pertinente dar en esta ocasión algunas informaciones que permitan valorar mejor el esfuerzo cumplido – el carácter insólito del homenaje y la trascendencia que le adjudico como primer episodio de otros que han de seguir para el reconocimiento cabal de la obra artística de Moro y para lograr que algún día se obtengan los medios indispensables para la difusión y conservación tanto de pinturas y dibujos (y desde luego manuscritos) como de todas las publicaciones y documentos con ellos relacionados.

Conocí a César Moro en 1934 – a su vuelta a Lima después de ocho años transcurridos en Francia – y hasta su muerte veintidós años después estuve ligado a él por lazos de amistad – camaradería – solidaridad – incluso complicidad en ocasiones. Colaboré con él en la publicación del catálogo de la exposición del 35 en la Academia Alcedo – en la redacción del panfleto "Vicente Huidobro o el Obispo embotellado" – y juntos sacamos en 1939 el número único de *El uso de la palabra* – revista de Poesía y crítica. (Me halagó mucho comprobar – cuando residí unos años en México a fines de los años 70 – que Efraín Huerta – admirado poeta – guardaba un ejemplar de esa publicación – desde hace tiempo rareza de bibliógrafos.)

No voy a repetir las noticias sobre Moro comprendidas en el catálogo – solamente las ampliaré en algunos puntos. Por ejemplo – para señalar que Moro ha adquirido los caracteres de figura legendaria en ciertos medios poéticos de lengua española. Ello es sorprendente si se tiene en cuenta la escasa divulgación de sus libros y la casi nula de su producción artística.

En México – por ejemplo – fuera de sus colaboraciones en revistas y periódicos – sólo aparecieron – estando él vivo – una colección de poemas en francés (*Le Château de grisou*) y un poema también en francés (*Lettre d'amour*) – pero las ediciones fueron limitadas (de *Lettre d'amour* se tiraron no más que 50 ejemplares) y su circulación restringida. Cuando Moro trató de conseguir suscriptores para el único libro de poemas en español que se propuso editar aquí – no se logró el número necesario. Habría que señalar también que aunque parece que su muerte no fue mayormente remarcada aquí – con todo el poeta Elías Nandino le rindió homenaje en la revista que por entonces dirigía. Posteriormente la única publicación en México dedicada exclusivamente a Moro ha sido la breve antología realizada por Julio Ortega y que estuvo incluida en la "Serie poesía moderna" del Material de Lectura que edita la UNAM. En cambio – se ha dado lugar preferente a Moro en la *Antología de la poesía surrealista latinoamericana* – que preparó para Mortiz Stefan Baciu.

Es curioso comprobar que se conoce la poesía de Moro – en forma desde luego parcial – gracias a las antologías. Ya en 1942 se encontraban poemas de *La tortuga ecuestre* en la antología bilingüe de poesía latinoamericana contemporánea que dirigió Dudley Fitts para New Directions. En cuanto a la obra pictórica – en México figuraron cuatro o cinco cuadros de Moro en la Exposición Internacional del Surrealismo (1940) y (muchos años más tarde) dos de sus pinturas al pastel en el homenaje a Wolfgang Paalen organizado en el Museo Carrillo Gil con la colaboración del grupo *Phases*. (Este mismo grupo fue gestor de un homenaje a César Moro que se llevó a cabo en Lima a mediados de los 70.) En el Perú la situación es – desde luego – hasta cierto punto diversa. Es sin embargo triste comprobar que a pesar de los esfuerzos de André Coyné Julio Ortega Ricardo Silva Santisteban Américo Ferrari y otros – no existe todavía una edición que reúna la totalidad de los escritos de Moro en español ni en francés.

Por lo que respecta a la obra plástica – el panorama es deplorable. Después del homenaje del Instituto de Arte Contemporáneo unos meses después de la muerte de Moro – no se ha vuelto a mostrar en el Perú cuadro alguno de Moro – aunque de vez en cuando artículos o notas en diarios o revistas estuvieron acompañados por algún dibujo.

He tratado de remediar en lo que estaba a mi alcance tal estado de cosas. Cuando dirigía la revista *Amaru* publiqué un breve artículo (en el N° 9 – marzo de 1969) ilustrado con unos 20 fotograbados y – por primera vez – con dos reproducciones en color. A mi regreso a Lima en 1984 – después de prolongada ausencia – noté con agrado no solamente que el renombre de Moro estaba floreciente – sino que su obra plástica despertaba interés – aun más – admiración. El joven redactor de una revista universitaria proyectaba por entonces insertar reproducciones de dibujos y pinturas. Tenía ya las fotografías y me solicitó el texto que las acompañaría. Por problemas de distinta índole – el plan no se hizo realidad. (Más bien – poco después – pude escribir y publicar con abundancia de ilustraciones dos artículos sobre las actividades artísticas de Moro – aparecieron en *Debate* – publicación periódica limeña.)

El material para *Amaru* me había sido proporcionado por una amiga de Moro a quien había confiado Carlos Quízpez Asín (hermano de Moro) parte de las obras que se hallaron en su casa de Barranco. Para los artículos en *Debate* conté además con el material que me proporcionó la viuda de Quízpez Asín y que comprendía – además de dibujos y pinturas – recortes fotografías y otros documentos inéditos.

A pesar de algunas gestiones mías y de la propuesta del director de una de las más importantes galerías de arte limeñas – sin embargo nunca se consiguió exhibir ni siquiera parte de las 120 piezas reunidas. Había un inconveniente que hubiera podido subsanarse con un mínimo de buena voluntad. Tenía en mi poder desde hacía muchos años una media docena de piezas adquiridas por mí o recibidas en obsequio. Pero nunca se hizo el inventario de los dos lotes antes mencionados. Era imposible cualquier préstamo sin esta tarea previa.

Entre las varias personas que manifestaron el deseo de conocer las obras de Moro se hallaron el año pasado dos mexicanos – Marcos Limenes pintor y Rafael Vargas poeta. Su entusiasmo logró contagiar a José M. Espinasa y a Edgar Montiel – quienes prometieron facilidades para montar la exhibición en esta ciudad y para rendir el homenaje en curso.

Con Marcos Limenes se confeccionó el inventario requerido y con él hicimos una selección de 60 piezas entre pinturas dibujos y collages. De este último género son pocos los ejemplares existentes en la colección – lo cual deploro pues en ellos era patente el humor y la chispa agresiva de la invención imaginativa de Moro. Me hubiera gustado tener aquí ese collage intitulado "El arte de leer el porvenir" – que figuró en la Exposición Surrealista en México y que despertó deseos de denigración en el cronista de un semanario de la Capital. Igualmente aquel otro que – para asombro y deleitación mía – me describió detalladamente el otro día mi amigo el dibujante y escritor peruano Joel Marroquín – radicado hace más de cuarenta años en esta ciudad. Me hizo gran impresión que su notable memoria visual le hubiera permitido retener hasta el último detalle de ese collage fuera de lo común.

Otra cosa que me ha sorprendido es que para ilustrar el catálogo se hayan escogido – en proporción predominante respecto a los otros periodos – obras de la iniciación artística de Moro. Me imagino que ello se explique por la facilidad para encontrarles antecedentes en los movimientos innovadores de principios de siglo. Más adelante – la individualidad que aparecía incipiente en esas obras dominó por completo – ya no se pusieron en evidencia sino las características propias.

Aunque siempre suele asociarse a Moro con el surrealismo – como el tema ha sido tratado por mí en otras ocasiones – no haré sino una breve acotación. Moro fue atraído por el Movimiento porque ya existían en él prácticas y actitudes en completa afinidad con las que expresaron y practicaron los surrealistas de la primera hornada. En cuanto a sus pinturas – es difícil saber qué es lo que cambió con la adhesión – por algunos años incondicional – al grupo surrealista. Ha habido exhibiciones surrealistas de pintores – pero no se distinguió nunca un denominador común que los involucrara a todos. Eran surrealistas – digamos exagerando un poco o bastante – porque así lo había decidido André Breton – quien era maestro en atraer y acaparar figuras consagradas. Aun Pablo Picasso – tan hosco a mezclarse con nadie – dejó que sus cuadros y esculturas aparecieran en las exhibiciones surrealistas y fue amigo y colaborador de muchos miembros del grupo – el cual incluso hasta habría restado importancia a su ingreso al partido estalinista y no habría censurado con particular acrimonia sus clasicistas y sentimentales "palomas de la paz" y sus retratos del "Padrecito de los pueblos".

Por lo que atañe a Moro – podría admitirse – en lo que concierne su obra plástica – que fue en sus collages donde la inspiración surrealista se hizo pasablemente visible. Mas es reducido el número de collages de Moro que han llegado hasta nosotros.

Dije al comienzo que me hubiera gustado hacer una semblanza de Moro pintor – añado que igualmente hubiera querido hablar de su actitud ante el Arte y ante la vida. Algunos de los textos escogidos para el catálogo o para llenar algunos espacios en la exposición pueden orientar en ese sentido. He dado los motivos que han frustrado tales propósitos. Al menos señalaré un rasgo captado agudamente por Fernando de Szyszlo. *Moro – ha escrito – es la persona que se detiene y que contempla.* Tal actitud es completamente insólita en nuestro mundo de la agitación – el barullo – la violencia. Todos y todo nos empujan y nos trituran. ¿Quién acierta a tomar conciencia del horror cotidiano – pero también de la maravilla cotidiana – de los vislumbres de encanto y belleza que todavía nos sería dable disfrutar?

Podría citar varias frases o párrafos de Moro en que se evidencia esta convicción. Es el gesto primordial que se entrevé tras sus poemas y sus pinturas o dibujos.

Casualmente – en una lectura reciente de Robert Graves – me he topado con una posición semejante. También para Graves – como para Moro – el mal de nuestra llamada civilización estriba en que hacemos *caso omiso de nuestros sentidos; por ello limitamos nuestras mentes. Nos regimos exclusivamente por la razón y no vemos, oímos, gustamos, olemos ni sentimos con la agudeza de nuestros antepasados primitivos o como lo hace la alegría de los niños antes que la educación los eche a perder.*

*

Otra de las ventajas que para mí ha tenido esta muestra – aparte de permitirme recorrer todos los cambios por que pasó en pintura (reteniendo siempre su idiosincrasia) es que me ha hecho sentir que no era una humorada cuando escribía que para el pintor era tan divertido como podía ser – a veces – barrer. Sí – Moro se divertía pintando. Concretamente vemos a Moro como a ese pintor *entregado de lleno, plenamente gozoso* (subrayo este "plenamente gozoso") *a su tarea de hacer tangibles, vivientes, concretos, los volúmenes, las formas, la transparencia, la distancia y el color de su deseo.*

¿Qué podría agregar a estas palabras de Moro? Dejemos que ellas sean la impresión que les quede después de esta incierta divagación mía.

Sobre surrealismo y César Moro
entre los surrealistas

Estoy persuadido que si – al iniciarse esta reunión – se hubiera propuesto un entendimiento previo acerca del sentido – las implicaciones y los alcances del término "surrealismo" – aún estaríamos tratando de esclarecer el asunto. Las dificultades no se deberían exclusivamente a las diferencias subjetivas usuales cuando se intentan análisis y exégesis. Habría que atribuirlas de preferencia a las ambigüedades – propuestas contradictorias – divergencias visibles desde el comienzo en el seno del grupo mismo y que condujeron a las conocidas oposiciones enconadas – conflictos latentes o desembozados y a las consecuentes exclusiones – escisiones y denigraciones.

Para mí es evidente que no se trató (en especial y principalmente) de enfrentamientos entre personalidades dominantes y excluyentes. Más bien fueron determinantes (me aventuro a aseverar) las diferencias de opinión y de doctrina – los criterios de interpretación convertidos (a menudo) en dogma y en fanatismo.

Una situación como la expuesta no será sorpresa sino para quienes todavía persisten en reducir el surrealismo a escuela o tendencia literaria limitada a la aplicación eficiente de recursos y métodos aureolados de novedad y contraponibles (por tanto) a preceptos y reglas vueltos inveterados. Con arreglo a este criterio – el surrealismo no sería más que manera (insólita) de cultivar mantener y difundir un sistema de expedientes retóricos. No podrá negarse (desde luego) que – en cierta for-

47

ma – el surrealismo tuvo igualmente ese carácter. Mas lo que importó ante todo a sus componentes era una puesta en juego muy diversa y audaz – una ambición que habrá que calificar de desmesurada – intentar nada menos que la más grande y pavorosa aventura.

Aunque se estimen excesivos tales términos – encuentro otros más idóneos para describir un proyecto destinado a cambiar por entero la vida humana – recurriendo para ello a armas insospechadas (y evidentemente frágiles) cuya índole había descubierto o intuido un joven poeta iluminado del siglo precedente. Su propuesta era valerse de los efectos mágicos de la palabra y de la acción poéticas (identificadas indisolublemente) – que lograrían ambas su fuerza e inspiración en las corrientes más tumultuosas y soterradas del ser.

Sí – era cuestión de trastornar – de abajo a arriba y en lo más profundo – todas las costumbres hábitos ritos creencias supersticiones arraigadas durante milenios – a fin de establecer sobre la tierra – no una Arcadia rescatada – sino aquel Edén vagamente adivinado por videntes profetas soñadores mitólogos – cuyo advenimiento habían tenido que transferir (por necesidad) a otra esfera o a otro mundo.

Será pertinente – para la discusión ulterior – no olvidar esta situación primordial – la cual – análoga a un substrato invariable y firme – marca las fronteras del campo en el que el surrealismo procurará instalarse y desenvolverse. Podremos así explicarnos mejor los extravíos pasajeros – los callejones sin salida que les obligaron a dar marcha atrás – la comprobación de la esperanza inalcanzable – la angustia persistente ante la insuficiencia personal – el temor de haber traicionado – de ser incapaz de situarse a la altura del ideal – de verse por ello denegada la gracia de la inspiración o la bienaventuranza – el tener que reconocer que ese "poco de realidad" (conforme la apelaba Breton despectivamente) conseguía no obstante obstruir con eficacia la satisfacción del deseo.

Las circunstancias de la realidad podían dar la falsa impresión de reducirse u ocultarse – indócil y terca se entrometía en cada momento y en todos los momentos de la existencia. Se creaba así esa tensión entre lo ansiado y lo obtenido que caracterizó la evolución fluctuante indecisa dramática (a ratos gozosa – más a menudo atormentada) del movimiento – en conjunto – y de sus adherentes – en particular. Por ello eran también de preverse las decepciones de las postrimerías y los casos clamorosos de refugio en la demencia o el suicidio.

Se sabe que la fe no es alcanzada como dádiva gratuita – más exacto sería designarla como producto de un esfuerzo deliberadamente tenaz y (reconozcámoslo) ciego. Los surrealistas se afanaron – a pesar de todo – por ser lúcidos – pretendieron ser "videntes" – ver a dónde iban y lo que les esperaba.

¿Recordaremos aquí a Marcel Duchamp – un tiempo largo iconoclasta incomparable – que amaba proclamarse contrartista o antiartista por excelencia – quien más tarde declararía (hacia 1966) que "en el fondo no había sido sino un '"artista'" – lo mismo precisamente que nos había asegurado aborrecía más que nada?[1]

Pondremos la declaración de Duchamp al lado de otra de André Breton – en el exilio en Nueva York durante la Segunda Guerra Mundial. Según testimonio de Charles Duits en sus remembranzas – le habría dicho:

> Debo confesar, amigo, que no estoy tan seguro de haber tenido razón. El surrealismo... En 1923 se podía todavía creer en un cambio próximo y radical de la sociedad. Nada, debo reconocerlo, ha venido a justificar esas esperanzas. Quizás pusimos una confianza excesiva en lo porvenir. Nos parecía que la rebe-

---

[1] Citado en *Marcel Duchamp – catalogue raisonée – rédigé par Jean Clair*. Musée National d'Art Moderne – Centre National d'Art et de Culture Georges Pompidou. Paris 1977 – p. 164.

lión pura no conducía a ninguna parte. Es posible, empero, que esa actitud sea la única válida y que el hombre no pueda hacer nada para transformar las condiciones de su existencia. A menudo me he dicho que después de Dadá... en el fondo no hemos hecho nada. Libros, cuadros, exposiciones... Si supiera cuánto desprecio todo aquello. Quizás quisimos actuar con el fin principalmente de disimularnos nuestra debilidades, nuestros miedos miserables, nuestra desesperación...[2]

André Masson cuenta haber oído a Breton palabras semejantes. En su comentario Masson explica los orígenes de Dadá – más tarde del surrealismo:

> No tuvieron motivos estéticos ni filosóficos ni religiosos, conforme sucedió con el romanticismo europeo, el simbolismo franco-belga o el expresionismo alemán. Nuestra madre fue la ira. Y nuestra guía, en las profundidades, la Poesía. Es bien sabido que de allí procede el amor por la insensatez y por lo insólito.[3]

Como juicios adicionales sobre el movimiento surrealista en 1925 – año en que Moro llega a Francia – voy a entresacar algunas opiniones de Henri Lefebvre – miembro en aquella época de un grupo de filósofos jóvenes e inconformistas que entró en contacto con los surrealistas con miras al establecimiento de acciones comunes.

Nos interesan las impresiones que ofrece Tristan Tzara y Paul Eluard – pues esclarecen no sólo el papel que les cupo dentro del movimiento (y / o su alejamiento posterior) sino quizás las maneras como pudieron influir sobre la persona y la obra de Moro.

---

[2] Charles Duits – *André Breton a-t-il dit passe*. Paris 1969 – p. 130-131.
[3] "Le surréalisme quand même". En *La Nouvelle revue française*. Paris 1er avril 1967 – p. 903.

Lefebvre había encontrado a Tzara antes de conocer a Breton – a Eluard y a Aragon. El efecto – memorable – es descrito así:

> Declaro que es Tzara quien me ha dejado un recuerdo imborrable, era el genio de un periodo que siento aún cercano. Tzara encarnaba con tranquilidad soberana lo negativo; en su sonrisa, en su mirada, en su voz se expresaba la negatividad. Al presentarse Tzara se creaba, al centro del universo, un punto negro absoluto, un hueco por el cual se escapaba instantáneamente toda falsa plenitud. Su presencia contravertía tanto lo super-real como la vida cotidiana. Evocaba al Otro sin fin, a la realidad otra, al otro horizonte, a la otra verdad. Posteriormente no pude ver en Breton, en Eluard (dejo de lado a Aragon) sino versiones descoloridas de Tzara; no eran más que conciliadores. Ellos atenuaban el radicalismo poético de Tzara, ellos lo jalaban consigo por su pendiente; reestablecían (también ellos), ¿qué?, pues la literatura, el arte, la escritura, buena parte de los mecanismos de la opresión. En lugar de estilo de vida, ellos volvían al estilo artístico.[4]

En los recuerdos de Lefebvre se destaca Eluard – igualmente viviente:

> Para Eluard no había absoluto. Eluard ignoraba hasta el sentido metafísico del término. Quería ignorarlo. Eluard se movía en lo relativo, en lo ambiguo. Pretendía ser demasiado normando para comportarse en otra forma. Demasiado amoroso, vivamente amoroso, para enamorarse de lo efímero, de lo que no se verá jamás dos veces.[5]

Sería temerario basarse en las apreciaciones de Lefebvre para asociar los rasgos observados (muy disímiles por lo demás) con la adhesión posterior de ambos poetas al estalinismo. Pero no sería incorrecto apuntar que existía en ese entonces entre

---

[4] "1925". En *La Nouvelle revue française*. Paris 1er avril 1967 – p. 712-713.
[5] *Ob. cit.* p. 715.

los jóvenes – dentro y fuera del surrealismo – cierta proclividad al "Terror" (aplicable en la política y el comportamiento social) y que esa inclinación desembocó a menudo en la aquiescencia de regímenes totalitarios. Es significativo al respecto que Aragon – exponiendo el ambiente dominante en 1921 entre sus amigos dadaístas – haya escrito:

> Es a la luz de una imagen poética que todo se volvía de nuevo posible y que decidimos pasar a la acción: siguiendo una costumbre (en que nos complacíamos algunos de nosotros) de comparar nuestro estado intelectual con el de la Revolución francesa. Se trataba de preparar y de decretar de inmediato el Terror...[6]

La observación de Aragon está corroborada por el mismo Breton. En la conferencia que leyó en Barcelona en noviembre de 1922 proclamaba – *No sería malo que se restablecieran para el espíritu las leyes del Terror.*[7] Extraño es comprobar que la decisión de actuar – de desencadenar el terror no llevara principalmente sino a organizar el "proceso a Barrès" – un "proceso" muy poco conforme con Dadá – imitación fiel (y en serio) de todo el aparato judicial con tribunal completo e imputación de "crimen contra la seguridad del espíritu". Vale la pena recordar el primer (y contundente) considerando del acta de acusación (redactada por Breton):

> Estimando Dadá oportuno contar con un poder ejecutivo al servicio de su espíritu negador; decidido ante todo a ejercerlo contra quienes amenacen poner en peligro su dictadura, toma desde hoy medidas para destruir su resistencia.[8]

---

[6] "La grande saison Dada 1921". Cita de Michel Sanouillet en *Dada à Paris*. Paris 1965 – p. 239.
[7] "Caractères de l'évolution moderne et ce qui en participe". En *Les pas perdus*. Paris 1924 – p. 207.
[8] M. Sanouillet. *Ob. cit.* p. 259.

Parece que el concepto de *dictadura* atraía a Breton – tanto que en su "Conféssion dédaigneuse" con que se abre su libro *Les pas perdus* – no tiene reparo en atribuir a Dadá la consigna "dictature del'esprit"[9] – aunque todos sepan que nada fue más ajeno a Dadá que proponer sistema alguno – principios estables – reglas – deberes – obligaciones – dogmas – propósitos deliberados y constantes.

Sobrepasa mis facultades imaginar la manera de ejercer una "dictadura del espíritu". No es éste tampoco el lugar para rastrear las derivaciones – en la teoría y la práctica de los surrealistas – de tal "estado de ánimo" originado por una "imagen poética" – al decir de Aragon. Se me permitirá al menos dejar constancia de mi rechazo de toda dictadura – la del proletariado (todavía posibilidad teórica) – de un partido – una oligarquía – una multitud o un mandamás cualquiera. En especial – de esa ambigua (y por ello más temible) "dictadura del espíritu".

*

El preámbulo ha sido extenso pero (a mi juicio) necesario). Las figuras o personajes de la comedia (o de la historia) no toman relieve y significación sino proyectados contra el ambiente y el entorno que las circunstancias y la fatalidad les asignaron. Reconozco también que – a pesar de lo dilatado – la disertación resultó (con todo) somera insuficiente parcial y arbitraria. Menos aceptable – sin embargo – hubiera sido la presentación sobre un escenario desnudo o inexistente. Estos fragmentos servirán – quizás – como abreviaciones recordatorias que cada quien descifrará y completará de acuerdo a sus conocimientos y su fantasía.

*

[9] *Ob. cit.* p. 15.

No quisiera pasar a mi otro tema sin apuntar de pasada a un hecho – tenido poco en cuenta – y que no sólo dio cariz especial al comportamiento de grupos e individuos sino tuvo influencia determinante en el desarrollo de los acontecimientos sociales – políticos (y literarios) de los decenios subsiguientes.

En 1925 – anota el antes citado Lefebvre – cesa el impulso de la ola revolucionaria que tuvo su manifestación cimera cuando los *soviets* se apoderaron del poder en el antiguo imperio de los zares. La resaca – es decir – la reacción ha tomado su lugar – tanto en Rusia como en los demás países. Lo trágico es que nadie tomó conciencia de esta situación. *En ese momento – escribe Lefebvre – los poetas y los filósofos que rehusan el estado de cosas, comulgan y difunden la misma ilusión: creen que entran en lo posible. En 1925 el horizonte parecía dilatarse luminosamente cuando en realidad se cerraba.*[10] Aclaro – se engañan adrede y esperan – creyentes y aturdidos – que no tardarán en abrírseles de par en par las puertas del paraíso.

La falta de videncia en quienes pretendían arrogársela es tragicómica – por no decir grotesca. Los apóstoles de lo irracional – los teóricos de la irracionalidad son arrollados por los practicantes insolentes de la irracionalidad más destacada sangrienta y nefanda. El señor Dalí – que había predicado (paradójicamente) "la conquista de lo irracional" – cambió prestamente de posta – llevado por su olfato sutil de mercante catalán que husmeaba desde lejos las pestilenciales emanaciones. Tiene entonces el cuajo de proclamarlo con desfachatez dentro del mismo grupo surrealista.[11] Le tocó ser uno de los primeros artistas "de vanguardia" en aceptar y ensalzar a los nuevos amos difusores de una irracionalidad manida – peli-

---

[10] Véase nota 4 – p. 719.
[11] Véase una descripción de la escena bufa representada por Dalí cuando se le pidieron cuentas por sus alabanzas de Hitler en *The History of Surrealist Painting* – by Marcel Jean with the collaboration of Arpad Mezei. New York 1967 – p. 220.

grosa – mortífera. Los monstruos de lo irracional se apoderarán de casi toda Europa – esparcirán sus miasmas por el mundo y desenfrenarán guerras civiles e internacionales con su secuela de las más grandes hecatombes y genocidios que registren los anales históricos.

*

Al desembarcar Moro en Francia en setiembre de 1925 – no tenía mucha conciencia de lo que le aguardaba en la ciudad "emporio de las artes y las letras" y menos barrunto alguno de las experiencias de todo tipo a que se veía sometido durante sus ocho años de permanencia en el país. Deseaba exponer las pinturas y dibujos que llevaba en sus maletas y anhelaba especialmente tener la oportunidad de aprender y practicar la danza – el arte que más le atraía y para el cual se reconocía dotado.

No repetiré aquí la parca información que poseemos acerca de los quehaceres – las amistades – las aventuras y desventuras de Moro en sus primeros contactos con el nuevo ambiente. De entrada no se sintió cómodo – fue penosa la aclimatación – según alguna vez me comunicara él mismo. La vaguedad e incerteza de los datos se acrecienta cuando se trata de reconstruir su aproximación al grupo surrealista.

No es inútil comprobar en este punto que se adjudica actualmente al surrealismo buena cantidad de obras y sugerencias que modificaron radicalmente el panorama poético y artístico de este siglo (esa misma actividad que ellos no juzgaban válida en relación con las pretensiones y aspiraciones a las que conferían vigencia exclusiva) – sin embargo en 1925 no constituían sino un grupo reducido – con pocos miembros estables – y que a pesar de sus provocaciones y hábil manejo de los medios de publicidad – no tenían acceso sino a un público escaso. (Prueba de ello es el número limitado de ejemplares a que fueron tirados tanto sus libros como sus revistas.)

55

El ambiente cultural parisino era en esos años (como todos sabemos) el más rico avanzado y variado que pudiera ofrecer ciudad alguna en la tierra. Orientarse entre la multitud de prestigios consagrados y las nuevas tendencias escuelas y grupos – equivalía a penetrar en el gran laberinto que encerraba todas las atracciones y maravillas imaginables.

Había un contraste descomunal con la mediocridad pueblerina de "último rincón del mundo" – de acuerdo a la calificación de Moro – aunque hay otra (soez) de Ernesto Sábato que tal vez convendría mejor pero que no me atrevo a repetir ante ustedes. En todo caso – esa insistencia en el menosprecio con un intervalo de más de treinta años (o de cuarenta o cincuenta – ya no sé calcular) probaría que el aumento demográfico y la dispersión caótica de la ciudad no la eximen de una fama poco halagüeña y anulan sus hipotéticas pretensiones culturales y su aspiración a ser todavía una de las "perlas del Pacífico".

La curiosidad alerta de Moro por la Poesía y la pintura tuvo alimento abundante para saciar su apetito. Preferencias nacidas entonces no fueron pasajeras. Siempre que podía Moro insistía en su deuda con Gustave Moreau y Odilon Redon. (A propósito de este último – cabe indicar que nada menos que el Gran Gurú de varias generaciones de artistas contestatarios – el siempre enigmático Duchamp – lo admitió como predecesor. Habiéndosele pedido que confirmara el antecedente de Cézanne en su obra – Duchamp respondió:

> Estoy seguro que la mayor parte de mis amigos dirían eso y yo sé que se trata de un gran hombre. Sin embargo, si tuviera que indicar mi punto de partida, yo diría que fue el arte de Odilon Redon.[12])

---

[12] Véase nota 1 – p. 166.

Por lo que respecta a la producción poética de Moro – Mme. Noulet enumeró – al comentar *Le Château de grisou*[13] – las influencias principales perceptibles – juicio en gran parte extensible a la obra posterior – aunque con matices y sin olvidar que las influencias (como remarcó la misma crítica) no excluían ni lo peculiar ni lo genuino.

Aquí voy a ocuparme de ciertas características de la poesía de Moro entre 1930 y 1940 – lo que permitirá tal vez perspectivas diversas de aproximación. Consideraré *La tortuga ecuestre* – pero sobre todo *Ces poèmes...* – recientemente aparecido en Madrid al cuidado de André Coyné[14] – y otros poemas del mismo periodo dispersos en revistas.

Las fechas antes mencionadas coinciden más o menos con las de la asociación de Moro con el grupo y con la colaboración y correspondencia posterior – ya sea en Lima o en México.

Moro debió haber sido lector temprano de libros de los surrealistas. Dos de los poemas en español anteriores a 1930 llevaban como epígrafe sendas citas de Aragon y Eluard. Empero – el gran impulso y una inspiración nueva datan de su inserción en el movimiento. Se puede presumir que los primeros contactos personales no fueron anteriores a 1932. Al menos – en el verano europeo de ese año está fechada la carta de Eluard que Coyné ha reproducido en su nota informativa de la edición madrileña de *Ces poèmes...* – la serie ordenada por Moro pero carente de título y que reúne poemas escritos en París y Lima entre 1930 y 1936.

Lo que de inmediato sorprende al hojear las páginas del libro es la insistencia de Moro en rendir homenaje a Breton y Eluard – colocados en un mismo elevado nivel de admiración y afec-

---

[13] En *La Prensa*. Lima 23 abril 1944 – p. 8.
[14] Edición bilingüe – traducción de Armando Rojas. Libros Maina. Madrid 1987.

to. No sólo todo el libro lleva una dedicatoria liminar que brinda la obra entera a los dos poetas amigos – cuyo texto es conmovedor –

> Estos poemas y su sombra consecuente
> y su luz consecuente están dedicados
> a André Breton
> a Paul Eluard
> con la admiración sin fin de
>

César Moro

– sino que hay dos homenajes – dos largos poemas – uno para Breton y otro para Eluard. Como si no fuera suficiente – un poema más (en prosa éste) lleva un encabezamiento sorprendente:

> A André Breton y Paul Eluard – desde
> siempre y para siempre.

Aún no está completa la lista – el largo y hermosísimo poema en prosa cuya traducción española apareció en *Escandalar*[15] – titulado "Renombre del amor" y fechado el 20 de agosto de 1933 – igualmente está dedicado "a André Breton, a Paul Eluard".[16]

Me pregunto el por qué del fervor la exageración la vehemencia la insistencia. Moro era desmedido en la expresión de sus pasiones. ¿Aplicaba también la desmesura para hacer patente el grado de su afecto – de su entrega total a la amistad? Me intriga el minucioso cuidado puesto en repartir equitativamente alabanza y respeto entre los dos poetas. Si se hace un homenaje a Breton – otro de iguales o parecidas proporciones ha de ser ofertado a Eluard. Aquí se barrunta un mensaje. Se diría

---

[15] Nueva York. Vol. 3 – n. 3 – jul-set 1980 – p. 60.
[16] El sentido implícito de tal actitud no escapó a Breton – al menos es lo que deduzco de su observación en una carta a Tristan Tzara (19 julio 1932) – *Eluard y yo hemos recibido sendos poemas de Moro, alguien que sabe agradecer.* En M. Sanouillet. Ob. cit. p. 458.

que Moro reconoce que han ocurrido dos encuentros decisivos en su vida de aquellos años – que ha sido iniciado y el neófito doblemente aceptado por la Poesía y por la amistad. Quizás para Moro cuenta más que su introducción en el grupo – lo que debe a las revelaciones poéticas del uno y el otro y – por otra parte (conjuntamente) – al trato amistoso que recibió de ambos.

Yo sé que Breton era fascinante y tenía conciencia de sus dotes de seducción – siempre atento a renovar y ampliar los vínculos establecidos con sus amigos. Era fiel con sus fieles (se dice). Era la sorpresa y la continuidad. La dedicación y la exigencia. De Eluard no sé más que lo que a veces me dijeron sus poemas (los de la primera época – se entiende). Lo conozco entonces por *su otra voz* – mejor expresado – por la voz que se había encarnado en el poema (no necesariamente identificable con la suya propia). Mi amigo el poeta Sherry Mangan (no creo haberlo referido antes) desconfiaba de él. Yo no tengo elementos de juicio (del que renegó de la Poesía no es cuestión aquí). Ahora recapacito – empero – y me viene a la memoria que Moro había sentido predilección especial por Eluard. Una de sus pinturas de los años treinta tenía por nombre – "Cuadro sin título con la inscripción Eluard". Moro había igualmente hecho enmarcar una carta que le había dirigido Eluard (por desgracia no recuerdo su contenido). Tal muestra de deferencia era rara en él.

Sí – debía ser subyugante y reconfortante tener como amigos a dos de los poetas más dignos de devoción – disfrutar alguna vez – quizás – del privilegio de oír a ellos mismos leer sus poemas – para lo cual (conforme es sabido) estaban generosamente dotados. Según la leyenda – la lectura en alta voz de Breton era equiparable a las proclamaciones del oráculo. No importa lo que leyera – relata Duits. Podía ser el elenco telefónico – el efecto era siempre extraordinario y turbador.[17]

[17] Véase nota 2 – p. 44.

*

Siento que me he desviado del punto principal que quería exponer – seguramente más importante que el tema de unas dedicatorias multiplicadas.

El conocimiento reciente de los poemas franceses de Moro de los años treinta me ha revelado la continuidad entre ellos y la breve serie española de *La tortuga ecuestre*. En uno y otros campea la misma virulencia de tono y de imágenes. Sus poemas son la mayoría de amor – han sido escritos para celebrar el *Renombre del amor*. Estimo que este título es aplicable a toda la obra de Moro de esa época. *Renommée de l'amour* figuraba sobre el poema que apareció en *Le surréalisme au service de la Révolution* – el mismo título fue conferido al poema en prosa antes mencionado (entiendo que hay otra versión intitulada igual). Pero la representación del amor en los poemas de Moro es a menudo espantable – se desencadenan cataclismos – reinan el asesinato – el incesto – las hecatombes. Se sospecha que para Moro lo ideal sería que los amantes se devoraran mutuamente.

No creo que exista en la poesía surrealista en cualquier idioma ni en otras poesías de diversa índole – un tono tan violento e igualmente tan impositivo. Uno queda después de la lectura triturado y pisoteado por las fieras salvajes del amor – desconsolado por el hálito infernal que despiden el poema el amor y la belleza. Son los extremos demenciales requeridos para que estalle el relámpago que unirá destruirá y regenerará a los amantes.

Los paroxismos de ira de que es capaz la poesía de Moro tampoco creo que tengan equivalente en las literaturas conocidas. Me atrevo a citar (aunque no sabré trasmitirlo adecuadamente) uno de esos trozos alucinantes:

> Habría que destruir el amor abominable que todavía nos arrastra, habría que destruir todo hasta las cenizas, hasta la sombra,

para nunca volver a comenzar, para hacer desaparecer esta vergüenza que significa existir aunque sea un instante. Vivo lejos
de lo que amo, uno tiene el valor, eso se llama valor de vivir a
pesar de todo, encuentro gente en la calle, hay personas que me
estiman o no, digo buenos días, soy todavía libre, es decir, no
estoy ni en galeras ni en un manicomio, vivo aún entre seres
normales, presumo que tengo amigos, en la calle me comporto
como todos. Soy lo bastante ruin para conservar algunos sentimientos humanos. Mi vergüenza no me ha reventado las venas,
el mal que me matará lo llevo conmigo, duermo, hago como tú,
vecino o amigo.

Este fue un fragmento de "Con motivo del año nuevo" del
libro *Estos poemas...* – traducido por Armando Rojas. El poema
termina en esta forma:

Que los que aman la vida salgan de sus cuevas y tomen partido.
Ah!, os aseguro que no me engancharéis a vuestros placeres
imbéciles pues no me gusta comer ni beber ni hacer el amor. He
aquí lo que me hace distinto de vosotros, no me gusta divertir-
me, no me gusta nada.

El poema está fechado en París – marzo de 1930. En los libros
posteriores – *Le Château de grisou* – *Lettre d'amour* – *Trafalgar
Square* – *Amour à mort* – la vena poética – al profundizarse –
parecería apaciguada. Mas es un efecto engañoso – la angustia y la desesperanza han retenido el curso que brama sorda-
mente por estallar y romper las riendas que lo sujetan.

*

Es desconcertante pensar que una poesía tan desgarradora
fuera la obra de un ser que nos acogía con aparente buen ánimo y que no permitía (por lo general) con nosotros sino bro-
mas de un humor sutil – aunque a veces (es verdad) terrible-
mente hilarante.

Sin quererlo he soltado la liebre – Moro se divertía (cuando pintaba) – nos divertía a su antojo – pero era temible en la ira y en el rencor. Tuve la suerte de ser su amigo y de disfrutar con frecuencia de su amistad y de su fantasía – siempre de su afecto.

No creo que vuelva a conocer a otra persona como él.

julio de 1990

Nacido en una aldea grande

No creo equivocarme si considero tarea imposible establecer las coordenadas – aunque aproximativas – que rigen a lo largo de toda una vida las relaciones de intercambio atracción y rechazo entre esos seres tan complejos e inestables ambos como son una ciudad y su habitante. Hay – además – esa impresión vaga – que no deja de surgir en escasos momentos de lucidez – que el parangón tal vez más cercano de las circunstancias del sujeto es la de Jonás en el vientre de la ballena. La capacidad de movimiento propio y la del conocimiento del monstruo son limitados – la cantidad de reacciones tendientes a un mejoramiento de la convivencia – mínima o inexistente. Aun en el alejamiento temporal o duradero – salida voluntaria o expulsión impuesta – continuarán vigentes los vínculos instituidos por la vivencia y el recuerdo.

Así sucedió que nunca me confesé tan peruano – aunque podría decir mejor – tan limeño – sin por ello sentirme pueblerino o chovinista – que en las épocas de mi residencia en el extranjero. Al mismo tiempo – curiosamente – tenía también la impresión de estar aquejado – aun desde antes de salir del país – de esa no sé si virtud o enfermedad que en su jerga literaria denominó José Carlos Mariátegui "cosmopolitismo" y que yo interpreto como el reconocimiento de aperturas y posibilidades – de la libertad de discrepancia – del recelo ante supersticiones y fanatismos (estas antesalas de la barbarie conforme señaló Diderot). Mi buena disposición para tolerar y respetar otras creencias – mi aceptación de formaciones culturales diversas a la mía – mi disponibilidad para adueñarme de lo que en ellas estimaba válido no bastaban para desvanecer o atenuar las marcas y cicatrices – aun diría exagerando – las mutilaciones – obra de la acción gástrica corrosiva de mi ciudad natal.

Hay que entender por supuesto que mi Lima – la de la niñez y juventud – era una Lima *sui generis* – en buena parte exclusiva mía – determinada por antecedentes y costumbres familiares pero predominantemente por atracciones y gustos propios míos. Mis predisposiciones y la falta de interés que por mí mostraban los que me rodeaban me condujeron tempranamente a apartarme y encerrarme en mí mismo. Me ahorré tal vez así el sentimiento de connivencia e identificación con los estratos y círculos sociales y las ocupaciones a que me destinaban educación y ambiente – y las reglas de juego vigentes.

Los espacios de una ciudad se dividen *grosso modo* para el niño – y en general para cualquier otro habitante – entre permitidos e interdictos – más numerosos estos últimos como es natural. Lo primero que choca en un conglomerado urbano es la preeminencia de puertas – entradas con más frecuencia cerradas que abiertas. Pocos poseen la contraseña – palabra o varita mágica – que da paso libre. (La carencia se hace en especial dolorosa cuando quien se introduce y desaparece en residencia acomodada o pobre es alguna jovenzuela cuya gracia y misterio hacen deseable conocer igualmente régimen y contornos cotidianos – actividades y costumbres domésticas – su estilo de holgar y soñar.)

Comprobación paralela es el margen de libertad relativa que consienten los canales de circulación y conexión destinados a asegurar el funcionamiento y mantenimiento en vida tanto de leviatanes desmesurados cuanto de "aldeas grandes". Se trata por definición de "vías públicas" – francas siempre a todos sin excepción – por más que no sea raro comprobar que en determinadas épocas se cierren calles o barrios enteros y que incluso se llegue al extremo de amenazar con disparos sobre cualquiera que ignore o no sepa leer el aviso perentorio desplegado en cerca o poste.

Mas las vías de circulación ofrecen todavía por añadidura el medio de utilizarlas de acuerdo a la fantasía de cada uno – para la contemplación – el deambular ocioso – los recorridos sin rumbo ni meta fijos – los encuentros inesperados que suscitan las ensoñaciones las esperanzas los desgarramientos. Llevan también fuera del aglomerado urbano – a los campos las playas otras ciudades e incluso hacen entrever la perspectiva de la huida definitiva.

No desperdicié esas oportunidades desde que supe caminar solo por la ciudad. (Y aun lo intento a veces a pesar de lo hostiles que se han convertido para el transeúnte muchas calles y hasta barrios enteros. Qué residente no mira con desconfianza a quien pasea por pasear – y nada más – que no reviste atuendo especial de *jogger* y camina a paso normal por avenidas y plazas de San Isidro o San Antonio vigiladas escrupulosamente por fieles guachimanes. Unicamente quien ignore la realidad nuestra irá a pie por Camacho Chacarilla del Estanque Monterrico o Las Casuarinas. Quién se aventuraría solo – para conocer y ver cómo es eso – por Comas Villa El Salvador o la Ciudad de Dios – para no mencionar Tacora u otras áreas malfamadas.)

Pero estábamos en los años anteriores a la celebración del centenario de la Independencia nacional. Por ese entonces no había impedimento ni peligro alguno para que un niño andara sin compañía durante horas por cualquier parte de la ciudad. Para empezar – todos los rincones de la ciudad estaban al alcance de cualquier peatón. No había sino dos kilómetros del palacio de Gobierno al hipódromo de Santa Beatriz y a lo ancho lo que contaba ver o frecuentaba no medía más de diez cuadras.

En mis vagabundeos algunos itinerarios adquirieron categoría de peregrinaje obligatorio. Había sobre todo que buscar escaparates de librerías y aprender de memoria los títulos de aquellos libros que me hubieran podido deleitar haciéndome conocer seres comarcas y aventuras lejanas y exóticas. Muy pocos de esos libros pasaron después por mis manos y así me ha quedado la nostalgia de *Las minas del rey Salomón* – una novela de cuyo autor he olvidado el nombre y cuya lectura presumía me depararía goce extraordinario. Otro polo de atracción fueron las tiendas de juguetes que exhibían ejércitos enteros de soldaditos de plomo con variados vistosos y singulares uniformes.

El término de los paseos – sin embargo – era casi siempre el Puente de Piedra. Allí no me atraían tanto las perspectivas amplias y variadas que se ofrecen a la vista ni el sucio río a veces crecido y otras ralo despeñándose entre isleta y pedruzcos a los que se encaramaban niños y mozos para observar a los camaroneros con sus cestas de pescar. Venía por el trajín que hacía estremecer la minúscula iglesia de Los Desamparados y llenaba el aire de vapor y ruidos. Me fascinaban las actividades de la estación del ferrocarril al Callao y la sierra – el espectáculo de las maniobras de largos convoyes – la llegada al atardecer del resoplante fatigado y piteante tren de Huancayo que desbordaba por ventanales y portezuelas un gentío colorido y vocinglero cargado de maletas canastas y paquetes.

A la reflexión no me extraña que la otra cosa en la contigüidad del Puente de Piedra que se ha conservado en mi memoria como imagen retenible sea la del palacete en falso estilo veneciano que algún excéntrico tuvo la ocurrencia de construir a orillas del Rímac aunque no acierto a figurarme cuándo habrá sido destruido o si acaso se derrumbaría por fuerza de los temblores. También sospecho que a menudo mi memoria y mi imaginación no saben diferenciar lo que fue sólido – visible y palpable – y la simple lucubración de fantasías. Por ejemplo – no podría asegurar si existió ese tranvía halado por mulas o caballos que en la realidad o en mi imaginación unió durante una época un paradero del tranvía en la avenida del Brasil con la plácida plazuela de Magdalena Vieja.

En todo caso siento mi infancia recorrida siempre por unos u otros tranvías – tranvías a los que subo y bajo y a los que veo pasar – repletos o vacíos – en el día y en la noche. Los pequeños tranvías urbanos – gráciles con altos ventanales. Los largos chirriantes pesados que iban a Chorrillos y el Callao. Y otro que no sé si tranvía verdadero o fantasma de tranvía que ubico en el cerro pelado de La Herradura llevando por el túnel a escasos excursionistas.

Se debería quizás a esos recuerdos infantiles que nada me satisfizo más durante mi estada lisboeta que contemplar tranvías parecidos a los de esa época remota – abiertos a todos los vientos y a todas las vistas – subiendo y descendiendo zamaqueantes pero ágiles las empinadas colinas de la ciudad.

Es dudoso que un niño aprecie estéticamente la arquitectura y la ordenación urbana de una ciudad. Dos aspectos – no obstante – retuvieron mi atención. El panorama de la ciudad visto del camino a Amancaes o desde la pequeña explanada Abajo el Puente a la entrada del puente Balta. La sensación era de sosiego y de una monumentalidad pesada y pretenciosa como correspondía a aldea grande con ínfulas de antigua corte virreinal. La otra experiencia fue más placentera – durante siete años el Colegio Alemán ocupó en la calle de Botica de San Pedro una hermosa mansión solariega cuya conversión en local escolar no logró desvirtuar el equilibrio de los volúmenes y la riqueza y armonía de la decoración interior. Me impresionaba el gran salón con vista – como es de rigor – al patio y el jardín anterior. Una parte del piso del salón estaba sobrelevado y una gran puerta al fondo convertía el conjunto en capilla al abrirse y revelar el altar lujosamente ornamentado. El antiguo comedor con artesonados y espejos de marcos dorados servía de gabinete de química y física. Pero – sobre todo – estaba allí el pequeño patio interior todo de mármol con pórticos por los cuatro costados y estatuas y una fuente siempre rumoreante. Qué tranquila y deleitosamente se podía soñar – a lo largo del día sin cansancio – mirando por las grandes ventanas del salón principal los ficus y floripondios del jardín o escuchando desde la otra sala el tenue fluir inagotable del agua en el patio.

Tal actitud contemplativa mía explica la furia del profesor de alemán – que nos había dado como tema las aspiraciones profesionales de cada uno – cuando se enteró que yo veía como la mejor manera de aprovechar el tiempo el *dolce farniente* – vocación que infortunadamente nunca pude convertir en realidad.

*

Algo de lo que debo a Lima se habrá hecho patente en lo que ha sido expuesto. No podía hacerse el recuento total de lo positivo y lo negativo. Desde el punto de vista artístico no parece que era mucho lo que podía ofrecer la Lima del periodo que he tratado. Aquellos largos balcones cerrados – típicos de la capital – no pueden considerarse sino aporte muy mediocre y sin imaginación a la historia de la arquitectura – aun de la nuestra. (Tampoco les veo otra función sino el ocultamiento y la fisgonería – rasgos propios de un régimen donde predominaban adulación y vileza cortesanas y estaban extendidas la hipocresía la maledicencia y la cucufatería – para no citar fraudes y coimas o la arbitrariedad de los poderosos.)

Durante muchos años no reaccioné aparentemente al aspecto físico de la ciudad – estaba habituado a esas calles estrechas y esos edificios sin mayor atractivo. Pero en la adolescencia pasé un largo periodo recluido en casa y en el hospital. Al salir a las calles de nuevo después de la enfermedad mi veredicto fue sin apelación – *Qué fea es Lima*.

Con los años los terremotos y los alcaldes todo cambió creció y se deterioró enormemente. De la vieja aldea grande quedan algunas iglesias y conventos – la mayoría en mal estado de conservación con muros y bóvedas cuarteadas. Además – quizás – una que otra mansión señorial bien o mal reconstruida. De lo nuevo ni hablar. Ya lo dijo hace años el profesor Kubler cuando observó que situaba *alrededor de 1900 el periodo en que una tradición firme cesó de gobernar la arquitectura peruana.*[1] La mayor parte de lo que se construyó después no ha sido sino servil imitación foránea o aplicación presuntuosa de ciertos rasgos – ampliados y desmejorados porque están fuera de contexto – de algunos estilos provinciales.

Por mi parte todavía prefiero a la actual la vieja Plaza de Armas de Lima – con portales auténticos de piedra y edificaciones que formaban marco adecuado por contraste con la mole de la catedral. Y sigo lamentando la desaparición de las bellísimas palmeras que adornaban la plaza y que un desalmado echó abajo. (Como otro – o el mismo – hizo desaparecer las otras palmeras que con su follaje encubrían las más bien horripilantes construcciones de la plaza Bolognesi.)

Si la Lima vieja ha desaparecido – las innumerables que han surgido mientras tanto a su alrededor – ricas pobres o misérrimas – han crecido en desbarajuste y sin concierto. Nada puede funcionar cuando una aldea de unos 300 mil habitantes se convierte en el lapso de medio siglo en una aglomeración dilatada caótica y disparatada donde se congrega la tercera parte de la población del Perú. El peso agobiante de estas Limas acabará por hundir a todo el país. No nos queda por tanto sino imaginar la especie de ruinas que restarán de ellas – seguramente nada semejante a la severidad de los inamovibles muros cuzqueños o al gigantismo abrumante de coliseos y termas romanos.

[1] George Kubler – "Sobre arquitectura actual en Lima" – En *Las Moradas*. Lima n. 6 – octubre 1948.

Sobre la Poesía

Cuando los organizadores de esta Semana de Poesía Iberoamericana tuvieron la gentileza de invitarme a pronunciar el
discurso inaugural – estuvieron movidos por excelentes motivaciones – pero no consideraron que no era yo – indudable-
mente – la persona más idónea para la tarea. Desde luego –
me estaba vedado rechazar lo que para mí era un homenaje
desmesurado. Mi reconocimiento de este hecho e – igualmente – una dosis grande de imprudencia – me cegaron e hicieron
aceptar gustoso y con premura la tarea – olvidando que en mi
vida había pronunciado discurso alguno – académico o de otra
especie. Mi amor y entusiasmo por la Poesía – la perspectiva
de ocuparme en ella – aun cuando sumariamente – ante ilustres colegas míos – en un ambiente de tradición excelsa y antigua (sobreentendida la más amplia simpatía) me impidieron
tomar conciencia cabal del riesgo y la temeridad de la empresa.
Tampoco podía dar marcha atrás – desistir del empeño confe-
sando incapacidad y deplorando el engaño. Pido – de entrada
– por tanto – gracia. Me atrevo a suponer que será concedida
indulgencia y comprensión – que lo poco que diga encontrará
disposición clemente y favorable.

No es secreto que el acceso a la Poesía no es un acontecimiento
común u obligatorio en la vida corriente. Mucha gente (me
temo que la mayoría) transcurre dichosa o mediocre o angus-
tiosamente su vida sin que tenga la menor sospecha de que
circulan – casi clandestinamente – unos raros objetos construi-

dos con palabras – los cuales (en ocasiones) dan un sonido dulce o agrio pero que nos confunden y transportan a otra esfera de existencia – por lo general exaltada y casi siempre intraducible a otros términos del lenguaje o a actividades diversas de nuestro espíritu.

¿Cómo se llega a este estado que podríamos calificar de tiernamente delirante? No ha sido nunca (a mi entender) esclarecido el fenómeno de la iniciación poética. Intuyo que son innumerables y variadas las vías que conducen – por extraviados oscuros e imprevistos caminos – al primer contacto – a la revelación primigenia. Lo cierto es que quien ha abierto los ojos y oídos a la percepción de un canto de ninfa o sirena – difícilmente podrá desprenderse de la nostalgia de sentirse nuevamente cautivado por ella. No sé si a incautos o videntes – la Poesía transformó la vida. Nos rendimos a ella – indefensos – aunque pocas veces nos llegue más que un barrunto engañoso de una voz tal vez oída o – más probablemente – tímidamente presentida. No poseemos sistema o ritual – penoso o inspirado – que nos asegure la invocación – que haga que la Poesía responda a un llamado desgarrante o cauto. Aun si por azar acude – no sabremos nunca si nos concede la inmerecida dádiva – el don tan prestamente otorgado cuanto abolido.

De lo antes manifestado – podría oscuramente deducirse que la Poesía no sólo es incierta – variable – sino igualmente engañosa – la mayoría de las veces decepcionante.

Otra consecuencia es la admisión de que no existen sistemas establecidos y seguros de aproximación – que son quiméricos los esfuerzos por trazar reglas e inventar métodos de captación. Un éxito – inesperado y nunca exento de duda – no asegura la posibilidad de la repetición. El poeta debe ofrecerse a la Poesía tan despojado de todo prejuicio o arte retórica – como la vez primera que tuvo la escatimada dicha de creer estaba a él dirigida una voz atrayente y desilusionante. El poeta se engañará irremediablemente si pretende armar trampa o artificio – ingenuos o sabios – que le aseguren el otorgamiento de la gracia.

Se me rebatirá que diariamente son incontables los poemas propuestos – que a pesar del recato de la Poesía – nos vemos abrumados incansablemente con pretendidas falsas y discordantes novedades – o (aun peor) por repeticiones deformadas de algunos logros aparentes que auto-consagrados expertos nos comunican como normas fijas e intangibles.

En verdad – para valernos de una comparación vulgar – las piedras que llamamos preciosas adquieren esa cualidad por su rareza o extravagancia y tal cualidad es – más o menos – aceptada y reconocible. La apreciación de los poemas – en cambio – varía siempre de acuerdo a las épocas – a las circunstancias de la vida en que los escuchamos – al temperamento y a la sensibilidad de las personas. No persisten – en consecuencia – el grado de estimación ni la seguridad del arrobo y el encantamiento.

Sorprenderá – una vez admitida cierta veracidad en los aspectos apuntados del fenómeno poético – que tantos de nosotros seamos fieles devotos de la implacable deidad – toda ella atracción y espejismo – y que a pesar de sus continuos desaires – no fatigue ni desazone a quienes le rendimos culto y devotamente nos sometemos a ella.

Sus atractivos son tanto más apreciados cuanto menos son accesibles. El poema – al igual que la belleza – es casi invariablemente lo inesperado – lo que nunca tuvimos sospecha que existía – la dádiva recaída sobre quien menos se esforzó en recibirla.

Aún más conturbante y desconcertante es descubrir los casos excepcionales – ver que la Poesía – obedeciendo a su capricho y albedrío – se aficiona a ciertas voces y concede en esa forma que se oigan en esta tierra sonidos más propios de Orfeo o de seres celestiales o atrayentemente demoníacos.

En toda época han sido parcas las manifestaciones de euforia de la Diosa Poesía. No obstante – un azar venturoso ha determinado que este año conmemoremos los aniversarios de dos de los más altos e innegables protegidos y agraciados suyos: el santo de Yepes y el joven rebelde que no pisó la tierra sino con sandalias de fuego y de tormenta. San Juan escribió su media docena de inmarcesibles canciones hace más de cuatro siglos. Cuando murió Rimbaud en Marsella – hará dentro de poco cien años – hacía cerca de veinte que se había arrancado el manto real del poeta y del vidente. Sin embargo – lo que la Poesía dijo a través de tales intermediarios sigue – más vivo y más actuante que gran parte de lo producido en este siglo. Esa agua sigue fresca – nos mueve – nos vigoriza – nos perturba. Todavía no se ha diluido el oro en que fueron engarzadas las piedras preciosas espirituales que ellos recogieron y escogieron.

No me atrevo a particularizar mi pleitesía a tan egregios representantes de la inspiración – humana y divina. Es poco lo que podría añadir (y más que discutible) para situar dentro de la sensibilidad nuestra a quienes fue indiferente la gloria literaria u otra y para quienes en la "revelación" se encerraba todo lo transmisible de la inanidad y la trascendencia humanas.

*

Comprenderéis mi bochorno pues se me ha pedido que luego lea a vosotros piezas que no merecen ser tildadas de poemas – pero que dado el estado más bien desastroso de buena parte de lo que se ofrece al público en mi país – ha podido ser admitido como representativo en alguna medida – menor se sobreentiende – de la poesía aparecida en mi país durante parte de este siglo.

Quedáis advertidos – y no es necesario reiteraros – lo extemporáneo y ocioso de cualquier acercamiento o comparación.

Para acentuar más la diferencia en cuanto a vivencia y valor líricos – me voy a permitir leeros – antes de los poemas escogidos en el libro recientemente editado por Alianza Editorial – una pieza inédita en que se constata la desesperanza y conciencia de inutilidad que abruma a los que todavía tenemos lucidez suficiente para reconocer lacras y deficiencias.

Se trata de una prosa intitulada "Artificio para sobrevivir" y dice así:

– Impedir la salida del sol – atrancar bien las innumerables puertas y ventanas de la noche – no dejar resquicio alguno por donde se cuele el sol – anular todo vestigio que otrora surcara el firmamento la cuadriga de Apolo.

– Quien tal expresó – ¿pretende ponernos antifaz negro desprovisto de aberturas? – ¿olvida la insoslayable alternancia de luz y tiniebla – el horario recurrente – los eclipses puntuales a la cita?

– Desde luego – replica. Pero ¿a qué sirve el lenguaje si no insinúa (invoca) lo imposible?

Vean: el sol cayó en la trampa (ficticia) que le armaron las palabras. No hay sol – no hay luz – tampoco noche se necesita.

– (Cierra los puños – aprieta los párpados.)

Discurso de clausura

Por circunstancias ajenas a libre iniciativa o determinación – hablo hoy ante vosotros. No será difícil que aceptéis esta declaración liminar si señalo que he llegado a un tramo de la vida en que las energías nos son escatimadas – el ánimo se vuelve displicente y apático – falta (sobre todo) entusiasmo para cualquier empresa que demande esfuerzo prolongado y atención constante. No podría – empero – desoír el honroso requerimiento que me hizo llegar – hace un tiempo – el señor Rector de la Universidad de Salamanca – con intercesión del señor Embajador de España en el Perú. Deseaba el doctor Julio Fermoso encargarme este discurso en la clausura del Foro Iberoamericano sobre César Vallejo – organizado por su universidad conjuntamente con la Pontificia Universidad Católica del Perú.

El año pasado fui objeto de un trato tan especial durante la Semana de Poesía Latinoamericana – llevada a cabo por la universidad salmantina – se me dieron pruebas tan encarecidas de comprensión aprecio simpatía y generosidad – que hubiera sido desconsideración e ingratitud graves no tratar de sobreponerme a deficiencias depresiones y temores a fin de satisfacer – en la medida de mis posibilidades – la afable y honorífica propuesta. Confiemos en que tan benévola disposición a mi respecto haya influido favorablemente en la preparación del breve texto que les propondré y que no habrá peligro de ser incriminado en caso de no colmarse expectativas hasta cierto punto mal fundadas.

*

Vosotros sabéis que no soy crítico ni profesor de literatura – tampoco he dedicado estudios especiales a la obra de Vallejo. No podréis esperar de mí – por tanto – sino las impresiones y reacciones espontáneas de un lector asiduo (bueno – tal vez algo más) – digamos de un devoto fanático de la Poesía – que se reconoce igualmente como practicante vergonzoso y a tiempo parcial (o medio) de Ella.

En calidad tal – mi relación con la obra poética de Vallejo es muy antigua. Tuve la suerte que entre mis jóvenes amigos circulara – a fines de los años veinte – un ejemplar de *Trilce*. Imaginaréis que se trató de encuentro memorable – que aún vibre en el recuerdo (tenue y lejano pero vívido) la sorpresa ante una voz que parecía surgir de lo más profundo del ser – de las entrañas de la misma tierra – del caos originario. Los poemas venían todavía con la ganga – el mineral precioso conservaba restos de escorias – los cuerpos palpitantes se cubrían aún con rezagos de placenta materna.

Podéis objetar que en la barahúnda de recuerdos y olvidos que constituye nuestra vida – no es concebible retener ni fiel ni aproximadamente las repercusiones de un impacto por más profundas que fueran las resonancias íntimas – considerando que tuvo lugar en un pasado no verificable y menos reconstituible. Admito – yo también – que probablemente toda el agua del tiempo corrida desde entonces – se llevó consigo cualquier traza de la vivencia – o la camufló bajo falsas reminiscencias – o (en el mejor de los casos) confirió caracteres míticos al suceso – despojándolo de contingencias históricas y situándolo más en el dominio de lo imaginario que de lo real.

Un azar – sin embargo – me permite aducir que – si no exactamente – el cuadro diseñado en la experiencia lontana – alguna semejanza tenía con lo sucedido. Conservo una breve nota mía aparecida en revista de la época (en el número 4 de *Front* de La

Haya – fechado en junio de 1931). Me ocupé sumariamente allí en el estado de las artes en nuestro país y naturalmente – ya entonces – luego de rendir homenaje a nuestro excelso Eguren – me refiero al otro mentor del pequeño grupo de poetas noveles que – o habían ya publicado obras consagratorias (consideradas en la actualidad clásicos de nuestra literatura – me refiero a Carlos Oquendo de Amat y a Martín Adán) o hacían presentir la calidad de las obras venideras.

Ese otro mentor – puesto al lado y casi a la altura del autor de *Simbólicas* – era César Vallejo – de quien escribí – "su voz es ruda y bárbara – es la voz propia del hombre que – divorciado de toda tradición aparente – halla en sí mismo el caos inexpresado de un mundo poético y así – en el caos – habla y grita".

Sospecho que el empleo (repetido) de este vocablo "caos" fue sugerido por la lectura reciente de *Trilce* – uno de cuyos poemas (de amarga ironía) gira a su redor – aunque utilizado en plural – desmesura de la cual sólo a Vallejo creemos capaz. Sí – Vallejo habla de *todos los caos* que *mi aquella lavandera del alma (...) sí puede / ¡COMO NO VA A PODER! / azular y planchar* (poema VI del libro).

Azular y planchar – no el caos sino *todos los caos* (¿interpretaremos – forzando el sentido – que hay un "caos" en cada uno de nosotros?). Siguiendo la práctica vallejiana podríamos decir – no "la Nada" (como si no bastara) sino "todas las Nadas".

¿Ampliamos efectivamente el concepto o se trata simplemente de una redundancia retórica o poética? Me asusto de haber osado plantear – contagiado del exceso "vallejiano" – un peliagudo dilema gramatical y – quizás – también metafísico.

Dejémoslo a la deriva y a merced de espíritus más especulativos y audaces que el mío.

En todo caso – será lícito atribuir rasgos programáticos a ese "azular y planchar todos los caos" – ver inclusive un manifesto de propósitos – la reducción y domesticación de los caos singulares que sería cada poema. En términos generales – ¿no es esto lo que puso en práctica Vallejo – luego de *Trilce* – en los "Poemas en prosa" y en los llamados "Poemas humanos" – es decir – una elaboración – una reelaboración – un pulimento paciente – durante años – de esos poemas? Será pertinente señalar acá que el paso de *Los heraldos negros* a *Trilce* significó un salto de calidad – una mutación de especie poética – algo más considerable que un simple cambio de piel y un desprenderse de desechos inservibles. La transición de *Trilce* a los poemas subsiguientes muestra la tendencia inversa – limpiar el poema de cualquier rastro que haga pensar en oscuridades no controladas por las convicciones y prejuicios del autor y no utilizables en la exaltación egolátrica – obsesiva en Vallejo no sólo en sus años de aclimatación parisina sino en todos sus periodos literarios.

Reconozco que las perspectivas no son tan simples – Vallejo no abandonó nunca su proclividad por los exabruptos – las paradojas – las tensiones y conflictos emotivos – la afición al capricho y la desmesura. Mas en lo más profundo una cuerda – que antes se hacía sentir con insistencia – ha saltado. Los ecos tenebrosos de *Trilce* han enmudecido y con ellos han desaparecido los términos estrafalarios y las distorsiones sintácticas.

De lo anterior se desprende con evidencia que mi preferencia – entre las maneras vallejianas diversas – se inclina por *Trilce* aunque sin la exaltación que tuvo en mi juventud.

*

Ya que hemos alcanzado – sin proponérnoslo – el terreno de las especulaciones arriesgadas – se me ocurre proponer una íntimamente asociada – a mi entender – con teorías tendientes a esclarecer la función poética.

En los últimos tiempos han aparecido y se han multiplicado las psicologías que estudian el hontanar recóndito donde se originan los sueños y de donde brotarían igualmente las artes y los mitos – las religiones y sus rituales – todas actividades implicadas en la utilización simbólica de lenguajes diversos. El asunto es demasiado dilatado y complejo para que me permita otra cosa en esta disertación que mencionar (en aparte) correspondencias y paralelismos.

No ha dejado nunca de intrigarme – al dar vueltas al tema – que no se haya recalcado adecuadamente la capacidad creativa constante de los sueños. El sueño raras veces es reflejo de experiencias vividas (recordables) – sino más bien una renovación de situaciones y ambientes en los que no es frecuente encontrar elementos con el mundo de la vigilia. En sueños todo adquiere otra dimensión – otro ritmo y otra trascendencia. Sin embargo – lo más desconcertante no es tanto tratar de situar la pantalla sobre la cual se proyectan las imágenes oníricas – cuanto "dar figura y presencia" al demiurgo que – para goce y angustia exclusivos suyos – se inventa estas versiones múltiples (casi siempre mejoradas – exaltadas – subyugantes) – estos escenarios más amplios variados y dramáticos que todo lo proponible por nuestras pauperrísimas y ridículas imaginaciones diversas. En el crisol de los sueños se amalgaman todos los materiales (burdos o preciosos) que constituyen el magma de nuestros demonios – de nuestros paraísos y sus infiernos concomitantes.

En otra oportunidad he señalado la ineptitud de las palabras para revivir y transmitir la experiencia onírica. Me he preguntado – más de una vez – cuáles serían las vivencias – las realidades – que las palabras son capaces de presentarnos y hacérnoslas sentir exacta y verazmente – sin equívoco alguno. Y he debido admitir excepciones a esas insuficiencias – reconocer la existencia indudable de insólitos objetos hechos exclusivamente de palabras y que nos sorprenden con sus ráfagas cálidas de misterio entrañable y reconocible. En ellos – la música la imagen la fantasía el olvido la nostalgia – lo cierto y lo vago – todo mezclado entreverado agitado – se vuelve ser vivo y actuante – logrando en él esa admirable "harmonía o desharmonías" – de la definición egureniana.

Si los poemas no soportarán cotejo o paralelo con las seducciones oníricas y sus evoluciones y transposiciones – absorbentes e inagotables – al menos no son transitorios y fugitivos. Sabemos reencontrar y reconocer los poemas que nos deleitaron o pasmaron con su enigma o su canto de sirena. Basta con acudir al libro o la revista o (mejor todavía) a la voz grabada del poeta mismo. Ningún sueño es susceptible de tratamientos de esa especie.

*

No habrá sido inútil nuestro desvío especulativo. Deseo se haya hecho patente la extrema rareza de la actividad poética y cuán imprescindible es para el acceso a "todos los caos" – materia del poema de Vallejo.

Situemos en consecuencia a los poetas en la región límite de las aspiraciones humanas – donde nacen las auroras y los espejismos y los mitos – bajo cuya luz y cuya tiniebla ansiamos transcurra nuestra existencia. En este contexto cada poema nuevo (o viejo – no estimo exageración lo que voy a decir) es una ampliación de lo humano – la perspectiva de un éxtasis o una epifanía. Tal vez sea este empeño por obligar a las palabras a que digan lo que no estaban hechas para decir – el único elemento común – el parentesco que se establece entre los miembros de la hermandad poética. *Los poetas vamos siempre solitarios, por sendas extraviadas* – apuntaba alguna vez Eguren – mas si giran aparte en sus órbitas – nosotros desde abajo podemos reunirlos en constelaciones y pléyades – conforme a gusto y capricho individuales. Yo – fuera de los repetidamente nombrados y exaltados hoy día – colocaría – no muy lejos de Eguren y Vallejo – a Martín Adán y a César Moro. Mi lista –

desde luego – comprende una cantidad grande de poetas. Vienen a la mente – al azar – los de Nerval y Baudelaire – Guillaume de Machaut y Der von Kürenberg – Lautréamont y Borges – Góngora y Rimbaud – Stefan George y Rilke – San Juan de la Cruz y Apollinaire – Blake y Hölderlin. Es inútil seguir aumentando nombres – pero no quiero que falten los *huitotos* de la selva amazónica – a quienes debo agradecimiento especial por su poesía fulgurante – claramente perceptible aun a través de la traducción alemana del acucioso y sabio etnólogo que transcribió sus mitos y leyendas.

*

Nos hemos reunido para rendir homenaje a Vallejo. Como suele ocurrir en estas ocasiones – ésta no podía dejar de ser propicia para renovar y reiterar nuestro culto y pasión por la Poesía – Diosa siempre esquiva y – por tanto – más anheladamente acosada.

27 de marzo de 1992

¿Para qué poetas en tiempos de miseria?

Me siento muy turbado de encontrarme ante vosotros en trance de pronunciar las palabras inaugurales de este Grande Encuentro de Poetas de nuestra lengua. Cuando se me confirmó – hace pocos días – una propuesta de hacía más de dos meses – hice lo que precisamente me estaba vedado – es decir – acepté intervenir sin tener en cuenta mi deplorable estado físico y una aún más grave falta de energía psíquica. Al momento de la conversación preliminar – había notado una ligera recuperación en mi salud. Saqué entonces la errónea (esperanzada) conclusión de segura mejoría – continua y consolidable. Para desgracia mía ha sucedido todo lo contrario. La reacción natural y lógica debió ser – en consecuencia – negativa. No me explico – pues – el lapsus sino suponiendo una jugarreta de perverso duende o diablillo agazapado en mi inconsciencia – o el resultado de una instigación ajena – actuante a través de magias negras. En todo caso – me complace que el percance me tenga ante vosotros – en cumplimiento de honroso cuanto inmerecido encargo. Pondré todo empeño en que mi texto no desmerezca por entero de esta importante y trascendente reunión en que al lado de poetas renombrados actuarán otros más jóvenes – señalados por aportes preciosos y originales.

La acertada recomendación hecha a los participantes de exponer su individual experiencia de la creación poética – seguida de la lectura de poemas – hará evidente la variedad y riqueza de la aproximación a la Poesía. Barrunto – por mi parte – que habrá entonces de admitirse la existencia no de "la" Poesía – sino de "Poesías innumerables". Esa diversidad – esa amplitud – esa sorpresa continua son rasgos esenciales e imprescindibles de la actividad poética. En verdad – cada poema logrado significa una victoria gloriosa sobre las limitaciones y ambigüedades del lenguaje – una conquista de nuevas moradas espirituales – o versión de vinculaciones inéditas con el mundo exterior – maneras personales de volverlo propio. En todo caso – una sensación de misterio y enigma. La cercanía a la Belleza nos resulta – empero – agobiante y exaltante a la vez – al desprenderse de ella – en ocasiones – un ser o un acontecimiento mítico – siempre – una metamorfosis sin término.

He aludido antes a la lectura de poemas por sus autores. Este requisito será muy valioso para el goce y la apreciación de las distintas obras propuestas. Recordemos que el poema no adquiere "materialidad" y vida sino durante los breves momentos en que se encarna en una voz. Todas las artes – de acuerdo a su naturaleza – apelan a uno u otro (o a varios) de nuestros sentidos. Esa conjunción de materia y espíritu – convertidos en actos y objetos simbólicos – es condición primordial de las artes y de toda manifestación de cultura. El hombre se hizo hombre cuando interpuso – entre su instinto y sus reacciones naturales a las situaciones exteriores – los diversos lenguajes que inventó y perfeccionó – que no solamente sirven a la expresión y la comunicación – sino de fundamentos sobre los cuales se asientan todas las manifestaciones de cultura – es decir – los actos y objetos cuyos propósitos tienden casi exclusivamente a la satisfacción de los sentidos y – al mismo tiempo – al solaz y disfrute espirituales. Se originaron así – sucesivamente – pero no en el desorden que los pongo – el canto la música la Poesía la leyenda el mito la danza la pantomima el teatro los rituales la magia las ceremonias los sacrificios las religiones la etiqueta los buenos modales (en la convivencia – en la mesa sobre todo) los tabús sexuales y otros – las reglas de la paz y la guerra entre las comunidades – las de parentesco y los intercambios tribales – etcétera. Me imagino que también los primeros ensayos de erotismo – siempre otra cosa que la cruda unión sexual. El hombre – observó una vez Wolfgang Paalen – vivía aún en las cavernas pero ya era capaz de las extraordinarias pinturas de Altamira o Lascaux. Con típico humor sostenía Joan Miró – por su lado – que desde Altamira la pintura no había hecho sino degenerar.

No os asombrará – entonces – si mantengo que el presunto "civilizado" no lo es sino por virtud y a consecuencia de los descubrimientos e invenciones de nuestros ancestros más remotos. Los considerados despectivamente "bárbaros" y "primitivos" – fueron los que nos legaron lo que no hemos sabido (y no sabemos) ni disfrutar ni aprovechar.

Este prolongado aparte era necesario para esclarecer ciertos conceptos y realidades – para poner pie sobre tierra firme. Vuelvo a la importancia de escuchar poesía leída por sus autores. Estoy seguro que nos deparará múltiples y variadas sorpresas. Por lo pronto – la ventaja de deducir – por la entonación y las inflexiones de la voz – intenciones y revelaciones íntimas y la probabilidad de propuestas con doble o triple sentido subyacentes en el poema. En un texto impreso se hubiera requerido una clave específica – tal la empleada en la partitura musical para advertir cambios de tono o ritmo. Estas lecturas nos darán una anticipación de lo que podemos esperar cuando se generalice la emisión de discos y casetes de poesía grabada.

Me hubiera correspondido a mí también leer poemas. Pido excusas por mi incapacidad para hacerlo. Los de hace más de sesenta años exigen (según constaté en ocasión reciente) un aliento muy sostenido – tanto por la extensión de los poemas como por la ausencia de pausas fijas que den descanso breve a las cuerdas vocales. El esfuerzo es grande – sobre todo tratándose del segundo cuaderno – donde una imagen lleva a otra en simulacro de caída de agua precipitada. Los poemas de fecha cercana no se prestan para auditorios como éste – sólo serían escuchables en intimidad estricta – con voz nada trémula – indiferente.

Tengo la impresión de divagar – de haberme extraviado por caminos que no conducen a la meta ansiada o – en todo caso – obligaron a un rodeo – quizás necesario pero que resta tiempo y espacio para el tema principal de mi peroración. Me doy – pues – prisa para confirmar que estimo la convocatoria de este Encuentro un suceso extraordinario. Una de las instituciones más prestigiosas del país ha conferido importancia relevante a la Poesía – una de las actividades más desinteresadas exquisitas y turbadoras del espíritu – la que con mayor aproximación refleja la complejidad e incerteza de nuestro destino. Este homenaje a la Poesía y a sus ilustres representantes – aquí presentes – tiene además cariz de firme reivindicación de toda actividad de cultura. No hay que ceder a las tentaciones de la Bestia que nos ronda. No nos queda sino estar alerta a no contagiarnos de la horripilante acumulación de crímenes asumidos en nuestra época (¿repetición de parejas pesadillas en el transcurso histórico?) por individuos grupos sectas partidos estados comunidades enteras. Me desaliento con frecuencia – recuerdo la angustiada pregunta de Hölderlin en uno de sus poemas (muchas veces citada y comentada) – *¿para qué poetas en tiempos de miseria?* ¿No habrá esperanza? Tal vez la reacción más sana sea la actitud de las víctimas del Terror durante la Revolución Francesa. Mientras esperaban turno para ser conducidas a la guillotina – se despreocupaban de la amenaza como si no les atañera en absoluto. Hacían en lo posible su vida ordinaria – escribir cartas o versos – enamorarse u odiarse – no mirar ni atrás ni adelante – vivir día a día en la plenitud del presente. Puede que algunos de vosotros me ofrezcáis soluciones más esperanzadas y menos estoicas. Yo me atengo a la sabia propuesta de los organizadores de este Encuentro. Todavía existe la buena Poesía – juntémonos a su alrededor y oigamos lo que nos dice. El volcán ruge – mientras ruja tenemos tiempo para la danza el canto la Poesía – si viene la lava nos cogerá en nuestro mejor momento.

Me doy cuenta que lo dicho no es precisamente lo que estuvo esbozado en borrador tras borrador – prestamente destruidos. Me siento culpable de defraudación. Desgraciadamente no puedo consolarme con quimera de nuevo ensayo o de dar marcha atrás al tiempo.

Sé que tanto vosotros como los organizadores del Encuentro – y – sobre todo – las autoridades de la Universidad de Lima – patrocinadoras generosas e ilustradas de la reunión – serán clementes conmigo – al igual que me han colmado al ofrecerme esta ocasión para dirigiros la palabra. Agradezco la distinción y deseo que el Encuentro satisfaga a cabalidad las expectativas puestas en él – muy justificadamente – por cierto.

A Javier Sologuren lo conozco – ¿será posible? – desde hace unos cincuenta años. Ya entonces era admirable poeta. Lo ha seguido siendo con rigor y renovados logros e invenciones. Agradezco efusivamente sus magnánimas palabras de introducción.

Me excuso de haber dejado para el fin lo que la cortesía exigía se dijera como preámbulo. Pero no sabía cuándo el cansancio me apagaría la voz.

Agradezco la paciente atención de todos vosotros. Quería estar en condiciones de estrechar personalmente la mano a cada uno de vosotros pero – no hay remedio – debo contentarme con un triste y nostálgico – por improbable – *arrivederci*.

ANEXO

Un poema auténtico es imprevisible e irrepetible

Queridas amigas y queridos amigos:

Me hubiera sido muy grato y alentador reunirme con ustedes hoy día y agradecer a cada uno su asistencia y simpatía. Pero hace algún tiempo tuve una experiencia desagradable que me hizo comprobar cuánto me alteraban las manifestaciones de aprecio o de afecto (sobre todo si eran colectivas). Perdía entonces el control de mí mismo y ponía al descubierto una sensibilidad excesiva e intolerable para quien prefiere ser recatado en cuanto a su intimidad.

Por ello en esta ocasión – en que el Instituto de Estudios Peruanos me honra cediendo su local para la presentación de un libro de poemas – publicado por el amigo Lecaros a sabiendas que son pocas las personas en este país (en general – en casi todos los países) que se interesan en la Poesía y aman encontrar – de pronto – una sorpresa de armonía y de misterio – de goce inmotivado o de desgarro existencial apenas percibible – cuando no tropiezan con lo inusitado – la presencia de esos rasgos en un solo poema. En esta ocasión – digo – oirán sólo mi voz diciéndoles – según parece ser el uso o el ritual en estos actos – unos cuantos párrafos acerca de la Poesía que sirvan de introducción a una lectura de poemas del libro.

Pero antes debo expresar a José Alvarado Sánchez (nuestro admirado Vicente Azar) mi complacencia por haber aceptado encargarse de la presentación del libro y mi agradecimiento por sus expresiones elogiosas – mayores desde luego que las que yo merezco.

Con Vicente Azar compartí – en nuestra primera juventud – entusiasmos fervorosos por autores casi enteramente desconocidos entonces en nuestro medio y que determinarían de manera sutil – casi invisible (como compete a toda influencia asimilada tan por completo que no es detectable en modo alguno) – la tendencia general de nuestros escritos primeros y – hasta diría – de buena parte de nuestras obras posteriores. Me refiero al descubrimiento de las figuras extraordinarias del Conde de Lautréamont y de Macedonio Fernández y Jorge Luis Borges – poetas que fueron (estimo) los genios tutelares que nos impulsaron en las direcciones opuestas que tomarían nuestras actividades poéticas – en el caso suyo a causa de los dos bonaerenses – en el mío – del "Cisne de Montevideo".

Hace años rendí exaltado homenaje al autor de los *Cantos de Maldoror* y de las *Poesías*. A las lecturas de mi mocedad he vuelto con poca frecuencia. Cuando lo hice las reacciones admirativas fueron más apagadas – el asombro y el desconcierto a duras penas habían sobrevivido. Los poemas se gastan con el uso y ello ocurre hasta con los que más nos excitaron en su momento. En las relecturas sucesivas se me hacían irritantes algunos trucos y figuras retóricas del genial y precoz émulo de Lord Byron y del folletinista de *Los misterios de París*. Se renovaba – en cambio – el antiguo embeleso ante la prodigiosa oda al Océano y el luminoso himno en loor de las Matemáticas – dos de mis grandes amores – entonces y ahora – la vastedad – las furias y las lasitudes marinas y el bello rigor escueto de las Matemáticas que permiten con unos cuantos signos resumir estructura y situación de los seres.

En contraste ha ganado importancia para mí la visión irónica y tierna de Macedonio Fernández (que esfuma con tanta gracia intelectual y poética los confines de la realidad y la imagi-

94

nación) y el peculiar idioma ideado por Borges para labrar la música apagada e inquietante de *Fervor de Buenos Aires* y de *Cuaderno San Martín*.

*

Hace un rato que hago confidencias sobre la Poesía y algunos poetas y no será mucho lo que voy a añadir. Reafirmaré sí mi convicción que lo válido y tangible y disfrutable en la Poesía es el poema y que a él es a quien hay que prestar atención y reverencia. Considero por tanto que se exagera el papel del poeta cuya misión se limita a la de simple oyente y trasmisor de lo oído. Le cabe al poeta ponerse en estado de disponibilidad absoluta a fin de servir de intermediario a esa corriente poética – surgida no se sabe de qué honduras íntimas y que lo arrastra a uno sin misericordia.

Debe advertirse – desde luego – que al igual que todo organismo o instrumento por el cual circulan determinadas ondas – no es posible a cada quien recibir y ser sensible sino a un haz limitado de ellas. No se debe olvidar tampoco que – a menudo – el funcionamiento puede ser defectuoso y sujeto a interferencias que desvirtúan la dirección y los propósitos del brote original. Es por ello evidente para mí que el acto de creación no se realiza en un trance o un éxtasis y menos puede ser el resultado de cálculos y reflexiones. Exige más bien que el pretendido poeta (la "supuesta persona del poema" – según los justos términos utilizados al respecto por Emily Dickinson) reniegue de su yo – ceda a la corriente poética y se deje llevar – en imprevisible carrera – por esas aguas pertinaces y vivas que al cavar su propio lecho dan forma y vida al poema.

Aceptado que el poema – todo poema auténtico – es imprevisible e irrepetible – nada es más dañino para adecuarse a la disponibilidad creadora que cualquier preocupación por adoptar preceptos o poéticas – incluso una poética ideada por el mismo autor. Rimbaud fue poeta a pesar de su teoría de la videncia. Lo mismo ocurrió con Mallarmé aunque éste persistiera inútilmente en dar forma al *Libro* "que lo dijera y *fuera* todo". Pero Rimbaud inventó nuevas formas de encantación poética y Mallarmé fue poeta hasta en sus versos de circunstancia y en los confeccionados para abanicos de damas y damiselas.

Estimo que se sobreentiende que todos esos nombres ilustres citados no tienen nada que ver con quien como yo se siente incómodo cuando se le aplica ese calificativo. Fueron y son muy pocos los autores a quienes no quede holgado el nombre de poeta. No es suficiente haber escrito algunos o muchos poemas (incluso excelentes) – hay que considerar – además de la obra – el género de vida que llevaron. El poeta digno de ser así llamado es el que está siempre al atisbo del misterio (porque el misterio es cotidiano) – dedicado a acechar y a rastrear la huraña corriente poética. Por ello asumen una actitud vital diferente – adquieren ademanes costumbres reacciones – se hacen de una idiosincrasia que los aparta de los demás mortales (sin que ellos mismos se den cuenta) y los vuelve inconfundibles en el trato diario doméstico. En nuestro medio yo tuve la suerte de tratar en la vida cotidiana y de reconocer extraviados en ella a dos de esos innegables poetas – a José M. Eguren y a César Moro.

Se deduce de lo anterior que me hubiera inhibido de intervenir en este acto a no ser porque me siento obligado con las personas que me lo solicitaron – a quienes tengo gran estimación y amistad y que han sido benévolas conmigo.

*

En otra oportunidad he explicado cómo resultó que los poemas vinieron hacia mí y no tocaré ahora el tema. Tampoco puedo comentar y juzgar los intentos – en años más recientes – por registrar vestigios de una corriente poética que se me aparece reacia y huidiza. Me sorprende por ello cuando me entero que diversas personas – cuya capacidad en la materia está fuera de discusión – consideran más o menos logrados esos intentos. Disculpado y reconfortado con tal apoyo – aunque siempre temeroso y sin seguridad – les propondré a continuación algunos poemas escogidos tanto entre los libros aparecidos hace más de cincuenta años como entre los que vieron la luz en época más cercana.

Previamente les debo confesar que aprovecharé mi experiencia de hoy para comprobar – en la grabación de los poemas – la veracidad de una convicción que siento arraigarse en mí – la creencia de que sólo la encarnación del poema en una voz le da existencia y sentido. Cuando escuche – en soledad y recogimiento – con la atención que pongo al empaparme de mis poetas preferidos – quizás me percate del peso que tienen estos que circulan con mi nombre – de lo que han perdido con el tiempo – de lo que les falta o les sobra para ser admitidos (en lugar subalterno desde luego) junto a aquellos en que es evidente la recepción perfecta de la corriente poética.

Como carezco de criterios confiables en qué basar una selección – no se hará ésta siguiendo el azar pero sí caprichos preferencias o conveniencias del momento.

*

Los poemas de *Las ínsulas* y de *Abolición* carecen todos de título y aquí será pertinente una aclaración. En general los poemas no los necesitan. Los que uno pone en ocasiones al releerlos – luego que han adquirido forma propia – son una réplica consciente a lo expresado involuntariamente – una manera personal de ponerlos en duda o – con más frecuencia – un intento pobre o fallido de resumir o describir el contenido. Por ello los he evitado en lo posible. Otra cosa es el nombre dado a una serie o una colección reunidas para su publicación en revista o libro. Entonces se hace necesario un título que la identifique y sirva al lector como referencia breve y *ad hoc*. Sin embargo (conforme ocurre con los nombres dados a las personas) no hay razones específicas para escoger aquel que señale cualidades o características de los poemas o de la persona. Casi siempre son arbitrarios y así sucedió con *Las ínsulas extrañas* y *Abolición de la muerte*. Si no recuerdo mal – existían ya como títulos cuando todavía no se había hecho presente verso alguno.

Se desprende de lo anterior que sea natural mi desconcierto cuando me entero que el simple hecho de haber puesto – para identificar unos poemas – una línea de la más hermosa y enigmática poesía jamás escrita en español sea interpretado como indicio (y hasta demostración) de la existencia de una vena mística en mi obra. No ha habido más grande poeta en la lírica española que el Santo. Admiro igualmente la prosa (nítida abierta deleitosa) de sus comentarios – prosa que coloco en el más elevado lugar entre las numerosas y variadas del Siglo de Oro español. Me inclino reverente ante su extraordinaria figura de místico y mártir – de Doctor de la Iglesia y de proselitista de su Credo. Pero no veo que mi veneración y reverencia establezcan relación alguna de cercanía o parentesco espiritual con él – ni que en los poemas por mí publicados haya el menor asomo de misticismo.

Aunque los poemas son – por su origen – ajenos a quien los transcribe – el aparato receptor – según hemos señalado antes – tiene alcance limitado y no puede percibir y hacer audible más que determinada banda dentro de la totalidad de ondas existentes. Puedo asegurar – por tanto – mi incapacidad para responder a cualquier llamada mística y para tener la visión *inefable* (subrayo este término al que recurrió a menudo San Juan) de un ser Todopoderoso y Creador de lo Existente. No atino a explicarme cómo pudo crearse este equívoco sobre la base (aparentemente) de una cita epigráfica con el nombre del Santo.

*

Terminada la lectura pido disculpas a todos ustedes por mis deficiencias de dicción y otras. Y quiero sobre todo que les llegue mi agradecimiento conmovido por haberse dado la molestia de venir a este acto y de comunicarme así simpatía y aprecio. Expresiones de gratitud especial debo a Julio Cotler y a Alberto Escobar – quienes procuraron lo necesario para facilitar y hacer posible la presentación del libro – y a Eduardo Neira que ha cuidado la grabación de lo que están oyendo. Igualmente agradezco a los miembros del Instituto que prestaron su colaboración técnica u otra. Fernando Lecaros sabe la deuda que le tengo al haberse empeñado en esta quijotesca empresa que constituye editar un libro de poesía en Lima – y no necesito repetírselo aquí. Al comenzar esta disertación dediqué palabras de afecto y gratitud a Pepe Alvarado – espero que me dé la ocasión para reiterárselas personalmente.

A todos ustedes – nuevamente – muchas gracias con un abrazo grande como todos ustedes juntos.

Introducción a una lectura de poemas

Ante todo mi agradecimiento a la doctora Margo Glantz – cuya obra aprecio – y que ha tenido la gentileza de invitarme – como Directora de Literatura del INBA – a leer unos poemas ante ustedes. Las palabras de Jorge Hernández Campos y Enrique Fierro me han conmovido pues proceden de amigos antiguos (con Jorge nos conocemos desde hace veinticinco años) – amigos siempre fieles que me sostuvieron con solicitud y afecto y aun me ayudaron a superar situaciones mías deplorables. Al mismo tiempo que mi reconocimiento debo expresar mi extrañeza y desasosiego como siempre que escucho o leo elogios a quien nomás transcribió – impulsado por circunstancias fortuitas y una voz imperativa – unos cuantos poemas en una época bastante lejana de su vida.

Quizás sería más pertinente que en lugar de esta lectura se me hubiera encargado disertar sobre poetas peruanos de mayor eminencia – tales José M. Eguren o César Moro – todavía no bastante reconocidos fuera de mi país – a cuya sombra me hubiera sentido protegido y a cuyo conocimiento podría contribuir – pues también en el panorama de la poesía peruana se observa ese curioso fenómeno a consecuencia del cual la exaltación de una figura singular – como es la de Vallejo – obstruye la difusión y aprecio de otras de igual o mayor magnitud. Desde luego – el iniciador y fundador de la poesía contemporánea en el Perú – el maestro y genio tutelar del grupo en que soy considerado junto con César Moro Carlos Oquendo de

101

Amat Martín Adán Enrique Peña Luis Valle Goicochea – ha sido sin duda alguna Eguren. Gracias a él dimos con el camino que conduce a la Poesía – por él supimos reconocerla cuando nos tentó y turbó.

César Vallejo – conocido en la época de mi iniciación como autor de *Trilre* y *Los heraldos negros* – más bien nos desconcertaba con su tono de voz demasiado estridente y arbitrario. La manera de Vallejo no podía servir sino a él y a nadie cabía hacerse de ella ni aun fragmentariamente para otros fines. Diversa – en cambio – la lección de Eguren como el mismo Vallejo supo reconocer. La poesía de Eguren es una poesía despojada de elocuencia oropeles – de toda mala literatura – de todo sentimentalismo vulgar o elevado. Hacer poesía según Eguren es abrirse a las distancias – al misterio de imágenes inventadas para cada ocasión – por tanto – intransferibles a cualquier otra vivencia. De esta lección de Eguren resultó el primordial y – acaso – único rasgo común que pueda notarse en el grupo de mis contemporáneos. Le rendimos pleitesía y le proclamamos nuestro guía hacia lo desconocido y recóndito en nosotros mismos. La deuda principal que tenemos con Eguren – escribí una vez – es que nos hizo patente la fragilidad y el poder – a la vez – de la expresión poética – más poderosa cuanto más frágil.

La obra de César Moro – el poeta mayor de mi generación – entrañablemente ligado a México – donde vivió largos años – no ha logrado aún en este país y los demás del continente – la admiración a ella debida. La deficiente divulgación de su obra – la persistente calidad de inéditos de numerosos escritos suyos – el hecho que la mayor parte de su poesía fuera escrita en francés – han conspirado contra una aceptación más amplia de una obra que por su manifestación bilingüe rebasa el ámbito latinoamericano. Había empero la imposibilidad de improvisar una presentación adecuada de las poesías de Eguren y Moro – tarea que ojalá encuentre ocasión propicia.

Rodeado como estoy de amigos mexicanos – éste será el momento para dar también las gracias por la cordialidad y generosidad con que fui tratado durante los tres años que residí en la Ciudad de México y para – en especial – hacer público mi reconocimiento no sólo por ese trato amistoso sino por las apreciaciones críticas y comentarios hechos por Octavio Paz Alvaro Mutis Francisco Cervantes José Emilio Pacheco Ida Vitale Ramón Xirau Rafael Vargas. Debo igualmente recordar que la única edición del conjunto de poemas que aparecieron con mi nombre y que consideré rescatables – fue posible por el interés que en ello pusieron José Luis Martínez Jaime García Terrés y Alí Chumacero.

Insisto en que me ofusca tanta complacencia para conmigo y apenas me tranquilizo al considerarla nada más que una comprobación de mi fidelidad al papel de "intermediario" para la voz o las voces que arrebataron del vacío y dieron forma con palabras a ese objeto – viviente por tiempo más o menos prolongado – que es toda poesía.

Empezaré la lectura con un poema escrito cuando tenía 19 años – en inglés – idioma deficientemente conocido por mí – y que por curiosas circunstancias – mi amistad con Xavier Abril y la de éste con Norman MacLeod – uno de los editores – apareció en *Front* – revista publicada en La Haya. En el sumario del primer número ese poema figuraba junto a uno de los "Cantos" de Ezra Pound.

No tiene para mí simplemente importancia anecdótica – cuando vi que el poema era traducido al español e insertado en las antologías – reconocí que allí por primera vez "alguien" hablaba con una voz que no era la mía – con la cual no podía identificarme. Ya entonces estaba disponible para ser nada más que el escenario en que tenía lugar una especie de breve hechizo del que surgiría – con suerte – el poema imprevisible.

No sé hasta qué punto esa experiencia – mi disponibilidad a escuchar y a juzgar – pueda ser asimilable a la del "automatismo psíquico" en cuya práctica se empeñaron Breton y los que le acompañaron en la aventura surrealista. En una carta a Rolland de Renéville de 1932 – el mismo Breton reconocería que nunca (subrayo este "nunca") los surrealistas habían pretendido presentar sus textos como "ejemplo perfecto de automatismo verbal" – aunque no desesperaban de encontrar un medio para evitar interferencias – y que de todas maneras subsistiría siempre un mínimo de *acción dirigida* pues generalmente se disponía el texto en poema.

Esta declaración de Breton plantea más incógnitas que la que pretende dilucidar. ¿Quién sería el que interfiere y a qué propósito? ¿Cómo se mide el grado de *acción dirigida*? ¿Qué se entiende por disponer el texto en poema? ¿Cuándo sabemos que lo que nos es dictado se ha resuelto en poema y no en su simulacro?

No voy a meterme ahora por esos vericuetos subterráneos en que tiene lugar la creación poética. Me limitaré a advertir que esa propensión a estar atento cuando algo era dictado se prolongó por unos años y dio origen a los cuadernos *Las ínsulas extrañas* y *Abolición de la muerte*. Se notará en ellos una aparente contienda y exacerbación de imágenes – un entrecruzarse y desdoblarse de imágenes – enrumbadas a veces hacia apoteosis falsas o ciertas – para finalmente ser arrojadas en catarata – suprimidas en el tiempo – disueltas en espuma entre uno que otro fulgor mortecino de relámpago enfermo.

*

Hice antes referencia al elevado lugar en que sitúo la figura de César Moro – pintor y poeta. No podía por ello faltar en esta lectura el poema a él dedicado y que se incluyó en el catálogo de la primera exposición colectiva de arte surrealista que tuvo lugar en Lima en 1935.

Entre 1940 y 1971 no tuve casi actividad poética. Se ha especulado diversamente sobre una ocurrencia que considero más bien banal. Lo sorprendente es crear – no dejar de hacerlo. Westphalen estuvo callado simplemente porque – como se decía en otras épocas – las Musas no tuvieron nada que ofrecerle. Cuando de nuevo me vi forzado – el producto tendió paulatinamente a un mayor despojamiento – a una más estricta concentración y demarcación de las imágenes. En esta etapa se ubican "Términos de comparación" y "Poema inútil".

En los más recientes y cortos escritos en prosa y verso – la mayoría inéditos – se pretende más bien – aunque lo más probable es que no se logre – hacer vibrar al extremo de lo insostenible unas imágenes más bien tenues – una suerte de briznas de poesía. Como ejemplo leeré el homenaje a mi amigo – el gran escritor José María Arguedas – cuya fama en el exterior no está al nivel de la importancia de una obra original e inmensa. Mi homenaje – intitulado "El Niño y el Río" – se inspira sobre todo en algunos aspectos míticos y poéticos de su obra.

Debo señalar que no suelo leer poesía en público. Una sola vez lo he hecho antes y fue aquí en México – hace seis años. El acto fue organizado por la Comunidad Latinoamericana de Escritores a iniciativa de mi compatriota Manuel Mejía Valera para desagraviarme por ciertas afrentas sufridas. Considero el más grande honor hasta ahora recibido el que en esa oportunidad la presentación hubiera sido encomendada a Octavio Paz.

1984

Conversaciones con Nedda Anhalt

Hace tiempo que deseo complacerte – querida Nedda – y enfrascarme contigo en esa conversación sobre los temas que has escogido (no sé si me equivoque) un poco a la buena de dios – pero hasta ahora me ha retenido el temor a cierto grado de falta de coordinación o coincidencia entre nuestras actitudes – a causa (en gran parte) de diferencias de ambiente – de formación – de hábitos de lectura – de predilecciones o prejuicios acerca de lo poético.

Aunque también habrá influido mi resistencia a poner en claro experiencias que tienen lugar (predominantemente) a niveles íntimos muy profundos – casi siempre fuera del alcance de cualquier vigilancia consciente. Esto por lo que atañe al fenómeno de la creación.

En cuanto a las peripecias personales (en las que se insiste con frecuencia en esta especie de interrogatorios) te advertiré de entrada que mi oposición es hoy mayor que cuando me propusiste este diálogo. Hay sucesos en la vida de uno que han penetrado tan hondo – forman de tal manera parte de uno mismo que no hay modo de acceder a ellos sin lesionarlos disminuirlos y traicionarlos.

La experiencia vital recóndita será siempre inexpresable e incomunicable. ¿Cómo hacer valer – por ejemplo – la vivencia primigenia – la vinculación materna en todo su transcurso formador y transformante? José M. Eguren tenía toda la razón cuando insistía en proclamar que tales repercusiones afectivas no pueden someterse a instrumento tan impreciso y engañoso como son las palabras.

Hechos estos reparos veamos en qué forma podré absolver algunos de tus requerimientos.

*

Querrías que rememorase episodios lejanos que – a pesar del tiempo transcurrido – han dejado trazas tales que aún me intrigan o me hacen reconocerme en ellos. No sería mala manera de introducirme en el fárrago del olvido y rescatar pequeños hechos convertidos casi en mitología personal (mitología más bien mínima – hasta insignificante). No sé por qué circunstancias esos hechos no sólo han sobrevivido sino que a veces han adquirido cierta aureola de atracción inexplicable.

Empezaré por un acontecimiento infantil. (¿Tendría yo nueve diez años?) Un día en clase hubo un disturbio y el maestro (muy poco perspicaz o actuando tal vez llevado por antipatía no confesable) me señaló como uno de los causantes. Todos mis compañeros se sorprendieron de tan arbitrario y desacertado juicio. De niño yo era obediente tímido apagado indeciso – sin aparentar interés por nada aunque observándolo todo y presintiendo exactamente lo que se me ocultaba. En cualquier caso – incapaz de insolencia y de armar alboroto travesura o desaguisado alguno. No protesté por la injusticia pero tampoco me quedé a cumplir el castigo (no recuerdo si encierro solitario u obligación de tarea luego de terminado el horario de clases). Mi rebeldía no se restringió al no cumplimiento de la pena sino que al día siguiente en lugar de acudir al colegio me dediqué a vagar por la ciudad escogiendo calles alejadas tanto de mi casa como de la escuela. La práctica se prolongó durante varias semanas hasta que fue advertido mi padre de mi ausencia insólita. Le expliqué los motivos de mi conducta y ni siquiera fui regañado (debo anotar que no he conocido persona más bondadosa que mi padre). Tampoco hubo represalias en el colegio. El castigo – en todo caso – nunca se hizo efectivo. Hoy mismo me sorprende haber reaccionado tan tempranamente de modo tan puntilloso (y sin duda exagerado) a un acto de injusticia. Habría que aceptar que la timidez no excluye obrar en ocasiones con independencia y desenvoltura.

*

Ese deambular por la aldea grande que era entonces Lima me fue no sólo divertido sino instructivo. Unicamente mencionaré ahora (por sus implicaciones posteriores y que en ese entonces no podía siquiera sospechar) el descubrimiento en la vitrina de un anticuario de unos objetos extraños. Eran un par de minúsculas cabezas – no mayores que un puño de persona adulta – con piel oscura (como ahumada) larga cabellera negra y labios prominentes – cosidos con una hebra gruesa que apretaba la boca. No podía imaginarme su origen ni el uso a que estaban destinadas – tampoco por qué se ponían a la venta. Mi ingenuidad e ignorancia me impedían reconocer que esas cabezas reducidas pertenecieron una vez a seres vivientes – a guerreros valerosos inmolados por creencias religiosas – sacrificados conforme a leyes ancestrales para asegurar la existencia y la seguridad de tribu o comunidad.

De todo esto tuve conocimiento más tarde cuando me aficioné a relaciones de etnógrafos y antropólogos. Me revelaron ellas la diversidad y abundancia de usos costumbres doctrinas y supersticiones y pude por ellas también comprobar que tanto se encuentran reacciones racionales extravagantes o poéticas entre los aborígenes de la Amazonia como en las sociedades que pretenden monopolizar "cultura" y "civilización". Hasta me atrevería a sostener que es en los pueblos llamados "primitivos" en donde hay que indagar por los orígenes de todo arte – de toda ciencia y de toda ética – es decir – de los elementos constitutivos de las culturas y civilizaciones históricas. Por lo que a mí concierne – puedo afirmar que buena parte de mis convicciones (y seguramente de mis prejuicios) la obtuve en mis lecturas atentas de obras de Francis Huxley – K. T. Preuss – André-Marcel d'Ans – Julian H. Steward y André Métraux – Stefano Varesse y Ortiz Rascanière.

Fue en las informaciones históricas y etnográficas sobre los jíbaros presentadas por M.W. Stirling al Instituto Smithsoniano (julio de 1937) donde encontré no sólo reproducción fotográfica de las *tsantsas* sino también la descripción detallada de la manera como las cabezas de los guerreros vencidos eran deshuesadas y cocidas y – en esa forma – reducidas. Su valor social y religioso como trofeos de guerra es equivalente al de nuestras reliquias y talismanes. (No hay que olvidar – desde luego – que la importancia simbólica dependía del contexto de múltiples prácticas y creencias – entre las cuales no era sino un elemento.)

Lo que me extraña aún – respecto a la presencia de las *tsantsas* en la tienda de antigüedades – es que gente "civilizada" comprara las cabezas reducidas como curiosidades que colocaba en sus hogares junto (quizás) a camafeos de la Roma antigua – a porcelanas de la China o Limoges – o a mantos funerarios de Paracas. Sorprende más enterarse que en una época (no sé si persiste el uso – que Stirling señala activo desde 1870 por lo menos) se falsificaron *tsantsas* y que su comercio floreció en Ecuador Colombia y Panamá – pues la demanda era considerable. ¿Se coleccionarían por el poder mágico atribuible? Yo no podría contemplar a diario con tranquilidad – ya no con placer – esas cabezas momificadas deformadas – de pellejo repulsivo por color y textura. Algún patólogo podría explicarnos las motivaciones del afán coleccionista.

*

No podría enumerar todo lo que contribuyeron a la formación de mi imagen del hombre y su historia (y prehistoria) esas lecturas de antropólogos y etnógrafos antes citados. Bastará que te diga que para mí uno de los ejemplos más fascinantes de literatura (entre los que conozco) son las leyendas y mitos de los *huitotos* – recogidos y traducidos magistralmente por Konrad Theodor Preuss. Que no encuentro nada equivalente en nuestras "civilizaciones" al modo tan discreto y (digamos) poético de cortejar que tienen los secoyas. El joven pretendiente se engalana con sus mejores prendas – se depila y pinta el rostro y se cubre la cabeza con un gran tocado de plumas multicolores. Embellecido así se sienta silenciosamente a la vera de la amada en espera de su reacción. (Para mí hubiera sido muy cómoda esa práctica pues siempre me sentí corto cuando se trataba de entablar el diálogo amoroso.)

*

Hubo más adelante otro incidente en el colegio en que sin propósito deliberado mío suscité el recelo de las autoridades y una marcada desconfianza hacia mis actitudes y convicciones. Una vez se nos planteó en clase el manido tema de las perspectivas futuras según las deseaba o preveía cada uno. Era una disertación para ejercitarse en la lengua alemana. Me explayé según se suele hacer en tales casos recurriendo a las dificultades de elección de carrera y destino a tan temprana edad – y al desconocimiento de las posibilidades profesionales que podían ofrecérseme y que convendrían a mis capacidades y aficiones. Hasta ese punto era lo rutinario y lo que podía esperarse de un jovenzuelo de apenas doce años. Pero se me ocurrió añadir como colofón (un escrito hay que redondearlo o con una conclusión o con una sorpresa) – que en realidad lo que más me atraía como ocupación era lo opuesto a cualquiera honorable rentable y de prestigio establecido – a lo que yo aspiraba más que todo era a un *dolce farniente*. En verdad la expresión se presta a ambigüedades y casi siempre es mal interpretada. Un ocio agradable implica que ha de transcurrir en quehaceres placenteros para uno – diversos de los obligados forzados y rutinarios. Hay distracciones sanas y genera-

111

doras de satisfacción espiritual. Además de la frecuentación de las musas – y de la ampliación de conocimientos en las ciencias y las letras mediante *ce vice impuni* – *la lecture* – podrían señalarse las caminatas y deambulaciones (observación y degustación) por una gran ciudad – por el campo o las playas del mar. Se cuenta igualmente la asistencia a teatros – salas de concierto – galerías de arte. Y no son de despreciable importancia reuniones amistosas – charlas chispeantes o sabias o galantes. En el lado lúdico de la vida se ubican también las creaciones e invenciones y (por qué no) los descubrimientos científicos y técnicos – las innovaciones y renovaciones artísticas y literarias. Yo deseaba instalarme en la encrucijada de todas las teorías y todas las prácticas que nos revelan aspectos ocultos del universo y de nosotros mismos.

Como era de prever – lo que me deparó la realidad fue muy distinto de lo ansiado. Las oportunidades del *dolce farniente* que hasta hace unos años me fueron escatimadas – ahora se han vuelto casi inexistentes. Desde que dejé de recibir un sueldo fijo – estoy prohibido de comprar libros y revistas. Como no me es factible el acceso a las bibliotecas (incómodas mal surtidas y nunca al día en este país) debo contentarme con los libros que me proporcionan de vez en cuando amigos generosos. Esta situación no me hace gracia alguna – desde el colegio me había ingeniado para obtener una buena proporción de las lecturas que me tentaban. (Te puedes imaginar que mis privaciones comprenden muchas cosas y servicios indispensables para una existencia corriente – fuera de todas las recreaciones antes referidas.)

*

Esta fantasía mía por la ocupación placentera – pero también fructífera y creativa – se transformó años después en otra igualmente inalcanzable. Soñaba gestionar un empleo como "lector oficial". Había comprobado que en las bibliotecas públicas de mi país los mejores libros pocas veces tenían interesados.

Alguien tenía que leerlos y para ello me ofrecía yo. Ahora pienso que la idea – desde luego inaplicable y sin *sponsor* posible – no era buena. Cada día encuentro más libros ilegibles. Aun los que me deleitaron en otra época – al releerlos los abandono a las pocas páginas. No me dicen nada las novelas que devoraba en mi juventud (y aun más tarde). Una que recordaba con nostalgia (*La Chartreuse de Parme* – nada menos) a dos tercios de un recorrido accidentado – parte placentero parte aburrido – dejó de interesarme en absoluto. Pero esto no será novedad ni para ti ni para nadie. Es normal que con los años los gustos y las predilecciones se modifiquen y hasta se inviertan.

*

Llego a la parte mistificante o enigmática de mis remembranzas juveniles. Quedé estupefacto (y dolido) cuando me ocurrió el hecho. La misma sensación de desagrado se repite cada vez que me viene a la mente – semejante a la experimentada al internarse uno por parajes de mal agüero y que rezuman lo aciago por doquier.

Fue en las postrimerías del ciclo escolar. Estaba yo un día apartado de todos en el recreo – cuando se acercó de improviso uno de mis condiscípulos y sin preámbulo alguno me espetó – *Tú vas a ser poeta* – para sin esperar mi reacción reintegrarse al grupo que se divertía con él.

En aquella época nada estaba más alejado de mis propósitos que ser escritor (y mucho menos poeta). Ya antes te indiqué hacia dónde se inclinaban mis ensoñaciones. Todos en la clase sabían que yo no me ensayaba en escribir poema o cuento o en cualquier otro género literario. No había tampoco colaborado en las revistillas que algunos redactaban y hacían circular. Recelé por tanto una mala intención en el exabrupto. Su autor era un joven más bien alborotado y travieso – amigo de hacer burlas a compañeros y maestros – poco dado a aficiones literarias y con quien yo no tenía sino relación superficial. (Me enteré – años más tarde – cuando ya no había trato alguno entre nosotros – que intervenía en novilladas de toreros "señoritos".) No capté de inmediato sus intenciones – hubiera sido evidente el propósito si su acto se hubiera efectuado a oídas de sus amigos para provocarles hilaridad. Recapacitando llegué a la conclusión que súbitamente había decidido jugar a la pitonisa conmigo – que la burla era sutil pero también incisiva. Me había hablado con cara de palo y tono completamente neutro. Sin embargo – se percibían (oscuras pero evidentes) las implicaciones peyorativas – por no decir despectivas. Era su estilo de hacerme reconocer que yo era (y sería en lo futuro) un don Nadie – una persona inocua y despreciable.

La ofensa me remeció íntima y profundamente. Estoy – me parece – justificado al adjudicar a esa experiencia mi sobresalto de defensa cuando alguien me llama "poeta" en lugar de pronunciar mi nombre o apellido. No sería explicable en otra forma el empleo más bien desusual del calificativo. Uno se dirige a los demás por su nombre – salvo en los estamentos jerarquizados en que es de rigor "Ilustrísimo señor Obispo" – "Excelentísimo señor Embajador" – o (más campechanamente) "Mi Coronel" o "Mi Cabo". ¿Has notado que no le dices "oye novelista" (en lugar de Carlos o del apellido) cuando te diriges a alguien que ejerce ese oficio?

Estimo – por tanto – que no doy muestras de susceptibilidad enfermiza si se me pone la piel de gallina cuando me tratan familiarmente de "poeta" – y ello no sólo por el reflejo subconsciente del insulto remoto – sino por las asociaciones solapadas de menosprecio (quizás no reconocidas por quienes emplean el calificativo).

*

Para borrar el mal sabor que me ha dejado el relato precedente – te propongo un intermedio ameno antes de ocuparnos de la otra sección de tu temario.

Al igual que todo el mundo yo he estado constantemente curioso (y desconcertado) ante mis sueños. En particular me intriga que a pesar de mi mala memoria se conserven algunas imágenes fragmentarias de sueños que tuve en la infancia y la adolescencia. Son partículas irradiadas del pasado que no pierden ni su misterio ni su carga afectiva.

Algún día trataré de investigar lo que pueda deducirse de tan extraña persistencia.

Como habrás adivinado – en sueños (aun después de publicados por mí poemas y ensayos) nunca he aparecido haciendo de escritor o reconocido como tal – tampoco dedicado a tareas emparentadas. Sobre mi pantalla onírica el sentido que predomina es la vista – pocas veces se oyen voces ruidos músicas estruendos. Ni aun los suculentos y llamativos manjares – que en ocasiones me tientan – me es permitido siquiera probar.

Entre esos recuerdos – que por su lontananza pertenecerían casi a otra existencia – destacan dos sueños de colorido deslumbrante que animaron noches consecutivas de mi vida juvenil. Para asombro mío fueron presentados unos dibujos de perfección y belleza incomparables – habían sido hechos por mí (en sueños – aunque en los sueños no se siente el sueño sino la propia realidad – viva y cambiante – desde luego – más viva y cambiante que la otra).

La satisfacción era inmensa y no podía ser de otro modo pues se trataba de los más hermosos dibujos nunca vistos (tal era el convencimiento irrefutable).

¿Cómo explicarse que broten de uno tales portentos? ¿Quién me había ofrecido en un instante la más hermosa obra de arte imaginable – de la cual yo me apropiaba sin merecerla? ¿Y quién (otras veces) me sumergía en espanto y angustia insoportables? ¿Quién presta tal potencia sobrehumana a las facultades de creación y percepción de lo imaginario? ¿Por qué la limitación (igualmente) – por qué el milagro no aconteció sino un par de veces? Finalmente – ¿por qué nos identificamos de preferencia con lo onírico – en oposición a lo real?

*

Habrás observado que hablé de estados de exaltación y delirio – pero que no ofrecí descripción alguna. En verdad – no hay procedimiento que asegure la transmisión fidedigna de las imágenes oníricas y no sabremos nunca el grado en que nuestros sueños difieren de los ajenos. Una barrera infranqueable se eleva entre individuo e individuo – nadie comparte sus sueños. Tampoco es el lenguaje (hecho de nuestra realidad y para nuestra realidad) idóneo para dar cuenta de imágenes ajustadas a otro ritmo de tiempo y de experiencia que el vigente en la vigilia. Lo que retenemos de un sueño no son – en general – sino pecios de naufragio. Por lo pronto (al menos en mi caso) pocas veces se distinguen elementos que se mantengan constantes en el curso del sueño – más bien objetos personas ambientes son camuflados disfrazados o – simplemente – representados por sus contrarios. ¡Y esa secuencia endiablada en que todo cambia y se transforma a velocidad onírica – sin permitir contemplación o reflexión alguna!

Todos mis intentos por relatar parte mínima (e incierta) de los recuerdos del sueño – han sido fracasos clamorosos. Ni la atmósfera peculiar ni el desarrollo de los acontecimientos ni la multifacética personalidad de los protagonistas ni la ambigüedad del trasfondo afectivo (si consideramos al sueño como escenificación de tendencias o anhelos – de carestías o frustraciones) hallaron no ya equivalencias aproximadas – mas ni siquiera eran aceptables como boceto sumario e impreciso. Repito así que las palabras son de una incapacidad patética para hacer justicia al sueño – no alcanzan a ser sino distorsión y mistificaciones falaces.

En vista de las fluideces evanescencias metamorfosis y contrasentidos de las imágenes oníricas – no es de extrañar que hayan servido de material predilecto para especulaciones teóricas arriesgadas y de dudoso fundamento por parte de algunos sabios extraviados (a quienes leí con deleite pues escribían tan bien o mejor que muchos literatos) – pero igualmente para artificios y supercherías de embaucadores y charlatanes.

*

No te puedo ocultar – paciente amiga mía – que esta parte segunda de nuestras conversaciones es la que menos me tienta. Las veces que he escrito sobre Poesía o sobre poetas lo he hecho casi siempre por amistad o (a despecho mío) por compromisos ineludibles (en casos – compromisos conmigo mismo). No he releído esas páginas desde que fueron publicadas y estoy seguro de encontrar en ellas más de una exageración y de un gazapo.

En mi estado de ánimo actual prefiero no tratar de la Poesía sino cuando tenga vislumbres o presentimientos de ella que me vengan de improviso – así como suelen "caerme encima" los poemas.

En cuanto a ensayar una definición – hallo demasiado extendido el campo que se abarca con el término. La Poesía no ha sido (no puede ser) algo concreto – algo fácilmente reconocible "por todos y en cualquier circunstancia". Cada época – cada poeta – han propuesto su manera distinta de entender lo poético y de practicarlo. Hubo incluso poetas cuyo tono de voz (y la estructura misma que asumieron varias de sus piezas) se diversificó con el tiempo. En poesía no hay fórmulas de aplicación asegurada y es vana toda "poética". Lo cuerdo sería reconocer que carece de *común denominador* – que lo propio de la Poesía es esa *ausencia de denominador*. Los únicos autores que logran ser fieles a teorías y a preceptos son los que repiten una receta (con o sin variantes) atrincherados tras rimeros de retórica cuando no tras consignas vetustas del Agit-Prop.

Por lo que atañe al poema mismo (a uno de los muchos o pocos que leemos) en ocasiones nos sentiremos tocados – nos invadiría una suerte de pequeña revelación – incierta mas placentera. Sin embargo – también en tales casos no conseguiremos adjudicar significación precisa al efecto experimentado. Ello es tan difícil como explicarse las motivaciones de nuestros enamoramientos (de una persona – un lugar – una obra de arte). Con los poemas ocurre lo mismo que con nuestros amores (que juramos "eternos") – puede que apreciaciones y preferencias prueben ser duraderas – no es de excluir empero lo contrario.

Leemos con placer y admiración ensayos magistrales o simples anotaciones breves sobre la Poesía – en general – o sobre algunos poemas – en particular. Nos dicen empero más sobre el autor del comentario (su sensibilidad – sus predilecciones íntimas – su erudición – su sabiduría) que sobre la Poesía o los poemas tratados. Para mí un análisis crítico puede arrogarse carácter "científico" sólo cuando se limita al examen de giros de frase más usados – a sutilezas fonéticas o a otros elementos igualmente verificables.

La crítica "impresionista" puede – por su parte – ser también meritoria – pero añade pocas veces algo al poema. En todo caso – su interpretación subjetiva – por más que nos despierte la curiosidad e induzca a la lectura – no nos iluminará acerca de lo insólito y lo atrayente del poema – de lo que lo hace único.

Se ha vuelto lugar común (casi premisa aceptable sin discusión) declarar que lo dicho en el poema (entiéndase poema auténtico aunque haya siempre dudas sobre tal "autenticidad") no es expresable en otra forma – que el poema es intangible a toda descifración o traducción (menos que nada a la autopsia despiadada en carne viva).

*

Me confunde comprobar que tus preguntas sobre materia poética se refieran casi exclusivamente a reacciones y circunstancias personales. Aquí aparece esa disparidad de experiencias a que aludí al comienzo de nuestro diálogo. Tú das relieve a lo que para mí no tiene importancia – y (por otro lado) a lo que por temperamento amo no divulgar. Alguna salida habrá para este apuro en que me colocas sin quererlo.

Al averiguar sobre situaciones concomitantes de la peripecia poética – mencionas relación probable entre creación y ambientes físicos "propicios". Aciertas (no cabe duda alguna) al proponer el silencio como condición imprescindible. No le concedo – en cambio – la influencia que tú insinúas a la cercanía del mar o del campo.

Cuando a uno lo alarman voces e imágenes (súbita y simultáneamente presentadas) – uno no mira hacia afuera. Su actitud es de acecho a lo que está por surgir – a lo que se empeña en hacerle vibrar al unísono. No se sabe cuándo vendrá el "llamado" – pueden transcurrir lapsos largos sin que se haga presente. Pero es él el que escoge el "momento propicio".

Sobre el ambiente y la hora en que me vinieron los primeros poemas – no guardo recuerdo alguno. En ese entonces ocupaba en la casa paterna un cuarto que compartía con dos hermanos – lo cual implicaba que no podía concentrarme sino cuando ellos dormían o estaban en la escuela. No había mesa en el cuarto pero sí – adosados a las paredes ("en depósito" porque no hubo otro lugar donde ubicarlos) un piano vertical de madera negra y un *trumeau* provisto de inmenso espejo. (Como complemento de estos detalles pintorescos te contaré otro poco verosímil – de noche se oían ratoncillos que en sus correrías tocaban las cuerdas del piano con sus pezuñas diminutas. No sería correcto – sin embargo – sugerir la lectura de *Las ínsulas* con un fondo musical de esa especie.)

En tiempos recientes las únicas horas favorables – sin ruidos molestos y agresivos – han sido las próximas al alba. A veces me he despertado en plena noche – y algo se debió incubar mientras dormía pues el poema se impuso de inmediato sin mayores obstáculos.

Por lo que respecta a las correcciones de los poemas – es normal que se recurra a ellas cuando se evidencian defectos de sintonía e interferencias. Su abundancia o ausencia total dependerá de cada caso. El mecanismo que guía el establecimiento del texto definitivo de un poema es tan sigiloso como todo el proceso de su creación. Supongo que no habrá inconveniente mayor para aceptar – en quien capta el poema – la existencia de un oído "otro" (no el suyo ordinario) cuyo papel es refrendar el texto resultante – cuando lo halle coincidente con el mensaje presumido – o rechazarlo cuando note tergiversación o fraude. Su sentencia será – en esa instancia la única legítima – sin apelación.

*

No sé – ni aun vagamente – cómo se forma la gente la imagen o el concepto de lo que sea "hacer el poeta". Para mí (lo he dicho múltiples veces) el poeta no es sino instrumento necesario a la eclosión del poema.

Como no tengo visión de mí dedicado a esa actividad – ya que al ocuparme en el poema no atiendo a nada más que a las palabras conforme le van dando forma (el "yo" ha desaparecido – ni siquiera se sabe si existió alguna vez) – tampoco distingo signos externos que me hagan identificarme con un personaje que sólo conozco por referencia de los demás. Esa referencia me es extraña cuando no antipática.

(Al recordar los sinsabores que me acarrearon los poemas que di a conocer en mi mocedad – que por ellos adquirí "mala fama" [no era confiable para tareas "serias" – no merecía seguir estudios en el extranjero] pienso que lo mejor hubiera sido no hacerlos públicos o hacerlo anónimamente.)

En mi país – en los años veinte treinta (para citar el periodo en que mi actividad poética fue más constante – pero observación aplicable casi sin grandes variaciones a periodos posteriores sin excluir el actual) era mal visto dedicarse a la Poesía. No es cuestión de una apreciación arbitraria mía – piensa en los destinos desgraciados de Eguren – Moro – Martín Adán – Oquendo de Amat – Valle Goicochea. La mayoría de la gente no ocultaba su menosprecio y su recelo. Aun los "intelectuales" consideraban broma que se escribieran poemas. Los modos de manifestar su animadversión eran diversos. Presencié denigraciones varias del grande Eguren.

El doctor Porras ponía afán constante en ridiculizarlo recitando con sonsonete idiota alguno de sus poemas admirables (¿qué poema no se vuelve cretino dicho con perversa intención?). El novelista Diez Canseco era soez cuando trataba del poeta. Se inventaban anécdotas inverosímiles para hacer chacota de su pobreza – su inocencia (aparente) – su desinterés por todo lo que no fuera arte y Poesía – sus normas estéticas exigentes. Se le achacó – por ejemplo – que desterraba de su léxico poético palabras que tildaba de "feas". Se pretendía que "nariz" no era empleada por sus concomitancias sexuales. La acusación era falsa – desde luego. En "Peregrín cazador de figuras" aparecen unas "largas narices". "El pelele" – en el poema así intitulado – luce no sólo una "nez puntiaguda" sino una "nez purpurada" (cuyas asociaciones sexuales son patentes).

Incluso admiradores de su poesía se regocijaban con chistes e historietas – benignas unas – otras malintencionadas. Parecía que casi sin excepción se reaccionaba "defensivamente" – por tanto – "hostilmente" ante este ser tan diverso de todos los demás – tan estrafalario e inimaginable. Figúrate Nedda – un poeta de verdad circulando vivo e indemne entre una cáfila de ingnorantes sin sensibilidad ("los batracios" – les había puesto Vicente Azar) – entre seudointelectuales y entre fariseos y soplones. El colmo para mí fue oír una vez a una amiga mía (joven bella inteligente sensitiva – cuya familia recibía casi cotidianamente a Eguren) contarme el método que empleaban para hacerle callar cuando les abrumaba su charla – inagotable sorprendente pero errática en exceso para quienes no poseían sutileza y flexibilidad mentales equivalentes a las del poeta. (El método era cruel y no lo voy a divulgar.)

Esta sección se ha inspirado en tu requerimiento para que declare "cuándo y cómo me sentí poeta". Es una manera de darte casos concretos de lo que el ambiente nuestro depara a los excéntricos que se pretendan poetas.

Mi actitud ante tal situación es fingir la abstención – hacerme el muerto para no ser remarcado. En cuanto a las conclusiones – mejor te las dejo a ti. Por mi parte buscaré entre la cantidad y variedad de definiciones del término "poeta" una (desconocida todavía para mí) que me autorice a usurpar *algún día* un lugar (recatado y de importancia nula) detrás de la cohorte brillante de los que – en culturas antiguas y modernas – se han hecho acreedores del calificativo.

Por ahora me afligen demasiado maltratos inconvenientes insultos perjuicios sufridos en razón de una dudosa o falsa atribución. Te ruego por ello que me exoneres del honor.

*

Querida Nedda – mis divagaciones nos han llevado lejos – algunas veces por caminos reales – otras por senderos estrechos que desembocaban en callejones sin salida. No es inusual que tal acontezca en conversaciones de este tipo – que hayan quedado algunos cabos sueltos e ideas apenas esbozadas.

No obstante – algunas distracciones y sorpresas habrás obtenido y – tal vez – uno que otro pequeño (e insignificante) descubrimiento (no me arriesgo a llamarlo "revelación").

Mi agrado será completo si este deseo no se aleja demasiado de la realidad – y si tú no me guardas rencor por mis tardanzas e incompetencias.

enero de 1990

Respuesta a Carlos Germán Belli

Tú conoces mi escasa disposición para las entrevistas. Calculo que no llegaron a cinco las que me vi obligado a conceder hace unos años. Mi experiencia de entonces me confirmó en mi recelo ante ese medio de comunicación (o ese seudogénero literario). Quizás la insatisfacción consista – al menos en mi caso – en sentirse uno urgido (por el tenor y tono de preguntas) a defenderse (inconscientemente) con una réplica falsa o aproximada – no correspondiente por entero (o en absoluto) a opiniones criterios convicciones de uno en determinado momento. Hay que contar – por otra parte – con la tendencia del entrevistador a escrutiñar de preferencia lo pasado – a escarbar en pos de antecedentes influencias parentescos. Lo malo es que yo no puedo ayudar mucho al respecto dada una memoria deficiente (de la que yo mismo desconfío) – acostumbrada a cambiar y tergiversar lo sucedido – o a restar importancia (luego de un tiempo) a la manera cómo lo que llaman la corriente viva de la historia lo arrastró a uno o (más probablemente) pasó al costado – salpicándole con su barro y su mugre.

Este defecto me hizo incurrir en referencias erróneas o dudosas y se ha hecho también patente en artículos y otros escritos míos. Por ejemplo – en una charla de 1974 (luego publicada en libro) reconocí la influencia determinante sobre el primer cuaderno que publiqué – en cuanto a lenguaje e imágenes poéticas – de lecturas fragmentarias de Pound y Tzara y de un libro de Giorgio de Chirico. Hubo premura en la preparación del texto y – sobre todo – descuido – pues el hecho era remoto (más de cuarenta años) y no verifiqué los datos. Seguramente al tiempo de escribir los poemas no habría caído en desliz semejante. Hoy en día no me explico la elección de dichos nombres. Podrían haber sido muchos otros. Tal vez – escogiendo al azar de mi pésima memoria – Gertrude Stein – Michaux y Reverdy – cuyas obras (*Four Saints in Three Acts* – *Un certain Plume* y *Les Espaves du ciel*) había leído por entonces y me habían deslumbrado. Pero también con estos autores hay incertidumbre en cuanto a correlación efectiva con los poemas incriminados. Más recientemente – en todo caso he recurrido a mi temprano conocimiento de los *Cantos de Maldoror* para explicar no sólo la tendencia general de poemas primerizos sino igualmente de "buena parte de mi obra posterior".

Tal afirmación me parece ahora gratuita considerando que lo que interesa (me interesa) es el poema y no el poeta. ¿Cómo establecer por tanto los antecedentes determinantes de un poema cualquiera? La corriente poética (que nos arrastra y da origen al poema) es – al igual que la corriente sanguínea – suma comprimida – y transformada completamente – de múltiples ingredientes no dosables ni identificables. La sensibilidad del poeta como instrumento receptor y transmisor de la voz poética depende no sólo del empleo *sui generis* de sintaxis y fonética – del refinamiento en la utilización de símbolos e imágenes – sino de la amplitud de experiencias vitales y teoréticas – del recurso a medios expresivos adaptados de otras artes principalmente – en mi caso – de la música y el cinema. ¿Quizás debo más – en mi capacitación para la tarea de buen intermediario – tanto a Erik Satie y Bela Bartók y a la música de jazz – como a los procedimientos del primer cinema (el mudo en blanco y negro – el único todavía auténtico) con sus procedimientos de primeros planos – cortes – deformaciones?

Consecuencia de lo anterior es reconocer que la singularidad (y validez) de un poema no se obtiene ateniéndose con deliberación a normas establecidas arbitrariamente por críticos o profesores de literatura – por jefes de escuela – o por los mismos autores. El proceso de creación es otro – es más pasivo – en el sometimiento a lo que oscuramente surge a la vida – pero es también la atención extrema "a lo que se oye" – el cuidado máximo puesto en el olvido de sí mismo. El poeta será el primero en asombrarse y (a veces) en reconocerse en el ajustado collar de palabras ciega y fielmente rejuntadas.

Al lado de mi prevención contra encasillamientos (escuelas – retóricas – poéticas) – de mi temor ante los desmanes de mi memoria y mi juicio crítico – debo indicar como motivo adicional para rehuir las entrevistas mi desapego a tratar siempre los mismos temas. Me hastía enormemente que se me repitan las interrogaciones que más de una vez he contestado con paciencia y abiertamente. Hoy día – empero – vale más que todo mi poca disposición a dar importancia – muy leve – a las opiniones que exprese o a las divagaciones en que me pierda. ¿Tú crees que al público español le ha de interesar más que un pepino el por qué me hice de un verso de San Juan de la Cruz para titular un cuaderno de poemas o los motivos para que escogiera *Las Moradas* como nombre de una revista de artes y letras? En el número primero de la publicación se hallarán las explicaciones pertinentes – mas eso pasó hace muchos años – es ya la prehistoria – son pocos los que recuerdan en nuestro país que circuló una revista cuya denominación repetía la hermosa del tratado de la Santa.

No sé en verdad cómo arreglármelas para darte gusto y relatar mi posición o mi experiencia en determinadas circunstancias o frente a esos problemas que algunas personas estiman trascendentes pero que para mí son más bien sosos o hastiantes.

Por lo pronto debo confesarte que me desconcierta que a propósito de los "vanguardismos" te declares arrepentido de tus entusiasmos juveniles. Yo no añoro nada más que mis errores y mis pasiones de adolescente – cuando era tan desinteresado en todo y tan propenso a la maravilla y a dejarme seducir y a reconfortarme por cualquier mínima cosa que inflamara mi fantasía. Entonces la imaginación era la dueña de casa y a ella estaba todo sometido. Quizás por eso encontré – casi sin darme cuenta – el camino del poema.

Quisieras que explicara lo que fue esa experiencia – aunque ésta es de aquellas no reconstruibles. Siempre nos será vedado el acceso a los orígenes. ¿Por qué saldrían los poemas de *Las ínsulas* o de *Abolición* en la forma en que salieron y no en otra? Sobre esto – a pesar de mi deseo de complacerte – no puedo decirte nada.

En compensación trataré del asunto (muy movido pero en el que insistes también tú) – el encontrar raro que un poeta deje transcurrir largos años sin publicar poesía. Primeramente – ello no ha ocurrido solamente conmigo. Luego – yo no he sido nunca voluntariamente poeta (aún hasta me escarapelo cuando se me designa con ese nombre). Los que intentan crear una leyenda al respecto olvidan que el instrumento de transmisión poética es muy sensible al aire del tiempo (al menos algunos instrumentos) y que nuestra época no es propicia a la Poesía. Los años treinta fue periodo de totalitarismos e imperialismos triunfantes – vino luego la Segunda Guerra Mundial y su secuencia de Auschwitzes – Hiroshimas y demás pesadillas. No solamente eso – de estudiante era libre para disponer mi tiempo y mi ocupación. Dejaron estos de pertenecerme cuando hubo que ganarse el sustento diario (esa condición de disponibilidad tal vez explique que la Poesía escoja de preferencia a jóvenes y a viejos para ponerse de manifiesto).

No sé qué uso podrías dar a estas evasivas reacciones mías a tus planteamientos. En todo caso – me servirá esta ocasión para dejar constancia de mi reconocimiento y gratitud a los amigos españoles que han procurado darme a conocer en su país. Nombro a Carlos E. Pinto que hace tiempo reprodujo por entero *Abolición de la muerte* en los *Papeles Invertidos* que publicaba en Santa Cruz de Tenerife – a Antonio Domínguez Rey que

organizó un homenaje en el Liceo Español de París (con intervención de los poetas Valente – Gelman y Zapata) y que publi-
có una reseña en *Insula* – a Angel Pariente que me visitó en
Lima y – en especial – a José Angel Valente (admirado poeta y
gran amigo) quien se empeña en conseguir un editor español
para mis libros.

marzo de 1988

NOTICIA SOBRE LA PROCEDENCIA O PUBLICACION DE LOS TEXTOS

Paréntesis
Versión original publicada en *Nueva serie de escritos* – con un dibujo
de César Moro. Edición de 230 ejemplares bajo la dirección gráfica de
Paulo da Costa Domingos – Lisboa 1984.

Las lenguas y la Poesía
Publicado en *Debate* – Lima N° 28 – setiembre 1984 – p. 24-27.

Pecios de una actividad incruenta
Leído en la primera mesa redonda del *Encuentro Internacional de Es-
critores* – México D. F. 3-11 mayo 1980. Publicado en *Escandalar* – Nueva
York.

Eguren y Vallejo – dos casos ejemplares
Publicado en *Debate* – Lima v. viii N° 37 – marzo 1986.

Para el ocultamiento de la Poesía
Leído en la mesa redonda sobre *La Literatura Latinoamericana y su Pro-
blemática Europea* – Roma 28 octubre 1976. Publicado en el suplemento *Sábado* de *unomásuno* – México D. F. 21 enero 1978.

Sobre César Moro
Leído en la mesa redonda con ocasión de la exposición de pinturas y
dibujos de César Moro en la Galería Metropolitana – organizada por
la Universidad Autónoma de México – México D. F. 1989. (Inédito.)

Sobre surrealismo y César Moro entre los surrealistas
Leído en el coloquio internacional *Avatares del Surrealismo en el Perú y
en América Latina* – organizado por la Pontificia Universidad Católica
del Perú – la Embajada de Francia y la Alianza Francesa – Lima julio
1990.

Nacido en una aldea grande
Publicado en *Debate* – Lima N° 30 – diciembre 1984.

Sobre la Poesía
Leído en el *Foro de Iberoamérica* – organizado por la Universidad de
Salamanca – Salamanca 15 julio 1991. Publicado en *Poesía y Poética* –
México D. F. N° 10 – verano 1992.

Discurso de clausura
Leído en el *Foro Iberoamericano sobre César Vallejo* – organizado por la Universidad de Salamanca y la Pontificia Universidad Católica del Perú – Lima marzo 1992.

¿Para qué poetas en tiempos de miseria?
Leído en el *Encuentro con la Poesía Hispanoamericana* – organizado por la Universidad de Lima – Lima junio 1994. Publicado en *El Mundo* – Lima 19-25 junio 1994.

ANEXO

Un poema auténtico es imprevisible e irrepetible
Leído en la presentación de *Belleza de una espada clavada en la lengua (poemas 1930–1986)* – organizado por el Instituto de Estudios Peruanos – Lima 1987. Publicado en *Debate* – Lima N° 45 – julio-agosto 1987 – p. 44-46.

Introducción a una lectura de poemas
Leído en el Palacio de Bellas Artes – México D. F. 1984. (Inédito.)

Conversaciones con Nedda Anhalt
Publicado en el suplemento *Sábado* de *unomásuno* – México D. F. 17 noviembre 1990 – p. 1-3 – bajo el título "Emilio Adolfo Westphalen: el atisbo del misterio (entrevista de Nedda G. de Anhalt)".

Respuesta a Carlos Germán Belli
Publicado en el suplemento *Culturas* del *Diario 16* – Madrid 1988 – bajo el título "Contra las entrevistas".

Indice

Este libro se terminó de imprimir
en octubre de 1995 por Producción Gráfica
y Comunicación, S.A. de C.V.
Tiro: 1 000 ejemplares más sobrantes
para reposición.